La peur est au-dessus de nos moyens

Du même auteur

La Santé rationnée ?, Economica, 1981
La Santé intouchable : enquête sur une crise et ses remèdes, Lattès, 1996
Santé, pour une révolution sans réforme, Gallimard, « Le Débat », 1999
La Qualité des soins en France, Editions de l'Atelier, « Horizons santé », 2000
Carnet de santé de la France en 2000, Syros, 2000
Le Carnet de santé de la France 2000-2002 : rapport, Economica, 2002
La Santé mentale des Français, Odile Jacob, 2002
La Crise des professions de santé, sous la dir., Dunod, 2003
Carnet de santé de la France 2003, Dunod, 2003
L'Hôpital vu du lit, Seuil, 2004
Santé et territoires : carnet de santé de la France 2004, avec Henri Picheral, Dunod-Mutualité française, 2004
La Régulation des dépenses de santé, Association d'économie financière, « Revue d'économie financière », n° 76, 2004
L'Hôpital, PUF, « Que sais-je ? », 2005
Carnet de santé de la France 2006 : économie, droit et politique de santé, sous la dir., Dunod, 2006
Les Prêcheurs de l'apocalypse. Pour en finir avec les délires écologiques et sanitaires, Plon, 2007
Très chère santé, Perrin, 2009

Jean de Kervasdoué

La peur est au-dessus de nos moyens

Pour en finir avec le principe de précaution

PLON

www.plon.fr

ISBN : 978-2-259-20963-2

A mes amis de l'Afis
(Association française pour l'information scientifique),
pour leur travail formidable, rigoureux et désintéressé.

1

Incantatoire

« Le monde est un chaos, et son désordre excède,
Tout ce qu'on voudrait y apporter de remède. »

Pierre CORNEILLE,
La Veuve.

Comme des milliards d'autres humains, je crains que la montée des eaux ne noie le Bangladesh et les îles Marquises, que l'acidité croissante des océans ne conduise à la disparition des massifs coralliens et, avec eux, de l'extraordinaire faune marine qui en vit, comme je redoute que les grands mammifères et les grands poissons cessent d'accompagner les hommes. Ils habitent nos rêves, donnent corps à nos mythes et nourrissent notre émerveillement. Nous ne serions pas les mêmes s'il devenait impossible de constater *de visu* la force du lion ou l'intelligence et l'habilité du dauphin. Mais il ne suffit pas de rêver le monde, encore faut-il vouloir, savoir et pouvoir agir pour en modifier le destin.

L'homme transforme les écosystèmes dont il a hérité. A part le pôle Sud, il n'y a guère plus d'espace inviolé, et ce désert glacé lui-même subit par les transformations de l'atmosphère les influences de l'activité humaine. L'homme modifie son milieu, pense-t-il, à son profit et combat, sinon néglige, les autres espèces. Ainsi, comme à la fin du Crétacé, les XXe et XXIe siècles ont été, sont et seront des siècles de bouleversements écologiques. L'hécatombe continue, d'autres espèces vont disparaître, et avec elles une partie de notre héritage ; cette catastrophe est incommensurable, on ne peut effectivement pas en mesurer les effets.

Ces extinctions se produisent davantage dans les pays pauvres. Les pays riches qui les exploitent ne sont donc pas sans responsabilité directe, mais la guerre, la pauvreté demeurent, avec la surpopulation, les plus grands ennemis des écosystèmes naturels. L'urbanisation détruit tout quand les hommes manquent d'eau courante, d'égouts, d'électricité et de ramassage d'ordures[1]. Si des parcs, parfois immenses, traversent les grandes villes d'Europe et d'Amérique du Nord, et servent régulièrement d'étapes aux oiseaux migrateurs, rien de tel ne se voit dans certaines grandes villes du Sud. S'il y avait autrefois des espaces verts, ils ont disparu. La pollution règne. Les rues se transforment en cloaques à la moindre pluie. Quant aux résidus de plastique des villes, lorsqu'ils sont au bord de l'océan, rejetés en mer, on les découvre plus tard, flottant au milieu du Pacifique, tournant en une gigantesque et triste ronde de plusieurs dizaines de kilomètres, illustrant le peu de cas que l'homme fait de sa planète.

Mais, et c'est l'autre face de la même pièce, les hommes n'ont jamais aussi longtemps et aussi bien vécu. Ainsi, même dans les pays les plus riches, l'espérance de vie continue de croître : les Français ont encore gagné deux années d'espérance de vie les six dernières années. En Asie, le bouleversement est encore plus spectaculaire. En Chine,

1. En 2009, 1,2 milliard d'hommes vivent sans accès à l'eau courante, et 2,6 milliards sans branchement à un égout ou à une fosse septique.

par exemple, en soixante ans, l'espérance de vie a augmenté de trente-huit ans ! Dans ces mêmes pays, si la famine ne disparaît pas, elle recule grâce la « révolution verte[2] ». Elle permet de nourrir les milliards d'être humains supplémentaires qui occupent aujourd'hui la Terre. Quant au mode de vie du tiers de l'humanité le plus riche, il fascine par sa simplicité. Une légère pression sur un interrupteur suffit pour éclairer, chauffer, enclencher un processus de lavage ou brancher un écran de télévision. Les Français de vingt ans écoutent incrédules quand on leur affirme que plus des deux tiers de leurs grands-parents ont été élevés sans chauffage central à la maison. Eux n'ont plus froid, ils peuvent aussi ne plus avoir chaud grâce à la climatisation, et ils n'imaginent pas une seconde abandonner leur confort pour cause de réchauffement de la planète.

Est-il possible, non seulement de maintenir les privilèges de ceux qui en jouissent déjà tout en les étendant aux autres qui trépignent d'impatience désirant aussi être protégés du froid, de la pluie, de la faim et de la maladie ? Peut-on alors penser un instant que la seule conviction que les activités humaines sont, en l'état, la cause centrale du réchauffement de la planète[3], conduise à entamer une décroissance économique et un retour à un mode de vie moins énergivore ? Les urbains sont-ils disposés à revenir à la campagne pour pratiquer une agriculture, certes plus frugale en énergie, mais aussi plus consommatrice de main-d'œuvre ? Peut-on imaginer qu'à l'horizon de 2050, demain matin à l'échelle géologique, le mode de vie américain, conçu quand le prix du baril de pétrole était très bon marché, se transforme suffisamment pour que la « middle class » revienne en ville, abandonne la voiture et

2. Et donc à la sélection génétique, aux engrais et aux pesticides.

3. Interprétation dominante, mais encore non consensuelle, y compris chez certains spécialistes.

fasse ses courses à l'épicerie du coin, pour consommer moins d'énergie ? Imagine-t-on que les puissantes centrales thermiques au charbon chinoises, sans enfouissement du gaz carbonique, et qui entrent en production en 2010 au rythme d'une nouvelle centrale tous les quatre jours, s'arrêtent demain parce qu'elles rejettent du gaz à effet de serre, alors qu'elles sont capables de fonctionner un demi-siècle et que la demande intérieure est considérable ?

La réponse à ces questions est, très vraisemblablement, négative. On peut le déplorer, mais sauter en chantant « écologie, écologie » ne fait pas baisser la température du globe et réchauffe celle des imprécateurs. Certes, la France a voté, en 2009, une taxe carbone qui a connu depuis des vicissitudes, mais, même si cela n'avait pas été le cas, il est vraisemblable que la vente de climatiseurs n'aurait pas cessé de croître et que la puissance des voitures n'y aurait pas diminué. Quant au « protocole de Kyoto », il a peut-être légèrement, très légèrement, limité les rejets de gaz à effet de serre par rapport à leur tendance antérieure, mais depuis la signature de ce protocole (1991) ils ont augmenté de plus de 20 % ! Quant à la conférence de Copenhague, donnons-lui le bénéfice du doute et… attendons.

Ce constat n'est pas réjouissant, mais c'est bien entendu de lui qu'il faut partir si l'on souhaite agir. La réalité des forces en présence n'est pas celle des prêcheurs écologiques, et ne se modifiera pas par des décisions incantatoires. Ces imprécations ont l'efficacité relative du sacrifice de poulet du sénateur romain cherchant à amadouer les augures. Elles ont la peur pour seul ressort. « Aujourd'hui la médiation unilatérale du catastrophisme est censée nous inciter à vivre autrement. Je suis sceptique sur ce chantage à la mort par lequel on essaye de répandre la bonne parole[4]. »

4. André Vingt-Trois, cardinal-archevêque de Paris, *Le Journal du Dimanche* du 18 décembre 2009.

Quand l'on ne prêche pas la peur on plaide l'exemplarité. « La France se doit d'être exemplaire », nous dit-on. Certes ! Autrement dit, si les Français limitent leur production de gaz à effet de serre – ce qu'ils font déjà –, ils entraîneront les autres pays qui, enthousiastes, les imiteront. Peut-être, mais, pour se limiter ici à ce seul exemple, l'ont-ils été jusqu'ici dans leur système de production d'électricité qui, parce qu'elle favorise le nucléaire, font d'eux, avec les Suédois, les Européens les moins pollueurs ? N'est-ce pas plutôt l'inverse qui s'est produit ? En effet, plusieurs pays, dont l'Allemagne, ont décidé de bannir le recours à cette source d'énergie et continuent à produire de l'électricité avec du lignite et du charbon. Il est vrai que comme les écologistes politiques donnent une connotation morale à l'exemplarité et ont seuls la labellisation du « bien » et du « mal », un pays pollueur peut être « exemplaire » quand il construit des éoliennes (Danemark) ou des panneaux photovoltaïques (Allemagne). En revanche, moins polluer grâce au nucléaire est au mieux passé sous silence.

Quant à l'exemplarité qui commanderait en la matière toute notre politique, si elle suffisait cela se saurait et, notamment, certains pays de l'Union européenne cesseraient du jour au lendemain d'être corrompus en prenant exemple sur la rigueur des royaumes scandinaves. D'autres pays comme l'Allemagne, la Chine ou les Etats-Unis, comme la France à d'autres époques, ne cherchent pas à être exemplaires mais à défendre les intérêts de leurs habitants. Cela semble leur convenir. Morale individuelle et politique n'ont jamais fait bon ménage.

Par ailleurs, les nouvelles technologies, nous dit-on, devraient permettre d'être « écoresponsables ». Pour certaines d'entre elles (isolation des bâtiments, transport ferroviaire...), cela ne fait aucun doute, pour d'autres attendons de pouvoir les tester à grande échelle. La voiture électrique par exemple, à supposer qu'elle évolue encore, devienne meilleur marché, ait une plus longue autonomie et quelques autres qualités encore, n'émet de gaz à effet de serre que si, et seulement si, l'électricité produite pour la faire avancer provient de technologies qui n'émettent pas de gaz carbonique (CO_2). Cette remarque est d'une grande banalité, mais est souvent oubliée. A ce stade, pour l'ensemble de la production électrique de la planète, 32 % provient de technologies sans émission de gaz à effet de serre et 68 % à partir de combustion d'énergie fossile, donc d'émission de gaz à effet de serre. Ainsi, sans contrainte particulière, une voiture électrique serait, dans le monde, en moyenne, polluante plus des deux tiers de son temps, et ce d'autant plus qu'en passant du pétrole, du gaz ou du charbon à l'électricité il y a une très forte perte de rendement. Ces chiffres mondiaux ne sont pas ceux de la France où seulement 15 % de notre électricité produite l'est à partir de centrales polluantes (gaz, fuel et charbon), mais l'on voit bien que l'on ne peut pas classer de manière manichéenne les technologies en mettant les « vertes » d'un côté et les « polluantes » de l'autre. Il faut parler, notamment en matière d'énergie, de système technique et considérer conjointement production et consommation d'énergie. Par ailleurs, contentons-nous à ce stade, de remarquer chez la plupart des écologistes politiques le curieux mélange de fascination et de répulsion à l'égard de la technique, à la fois la cause de nos maux et son remède, qui s'accompagne trop souvent d'une abyssale ignorance et de contradictions patentes.

Enfin, dernière arme pour affronter le destin, le « principe de précaution » serait là pour protéger les Français de nouveaux drames. Curieux paradoxe car, face à un danger, faut-il prendre plus de précaution que de risque ? Alors que le monde change, est-ce le conservatisme inquiet notre valeur première ? La chance sourirait-elle, enfin, aux peureux ? Le « principe de précaution », auquel nous allons consacrer l'essentiel de ce livre, serait-il plus dynamique que paralysant, et sait-on toujours bien ce qu'il faut faire pour empêcher une catastrophe ? Pour agir il faut certes vouloir, mais cela ne suffit jamais, il faut pouvoir, et pour cela il faut savoir et donc ne pas se tromper de cible, d'ordre de grandeur et d'hypothèses.

Les cycles de l'eau, du carbone, de l'azote étaient déjà complexes, et pas encore toujours bien compris, avant que l'homme, semble-t-il, intervienne pour venir y jouer un rôle. Mais l'intervention humaine ajoute un autre degré de complexité. Les sciences du milieu deviennent aussi des sciences sociales. Or, quarante années d'analyse des politiques publiques me conduisent à... la modestie, même quand les politiques paraissent « simples » et « évidentes ». En science, le juge de paix n'est jamais l'hypothèse seule, c'est sa vérification. Ainsi, pour ne prendre qu'un exemple connu de tous, la croissance du prix du tabac ne diminue quasiment pas la consommation de ce toxique chez les gens les plus pauvres, alors qu'elle produit cet effet chez les gens les plus aisés. La théorie économique prédit pourtant l'inverse. Ainsi encore, le monde entier vient de constater la farce jouée par les économistes de la planète. Ceux qui avaient vu venir la crise (une infime minorité) ont été ignorés, quant aux autres ils sont incapables de dire quand et comment se fera la reprise et si elle sera ou non pérenne. Certes, le drame financier a pu être évité grâce aux leçons apprises de 1929, mais la relance économique se fait pour le moins à tâtons. La presse écrite ou télévisuelle apporte chaque jour en direct l'illustration d'une gigantesque cacophonie : les uns disent blanc quand les autres disent noir, démonstration d'une ignorance sinon des causes du moins des remèdes.

Les hommes ont bien du mal à intervenir sur les systèmes sociaux complexes, même quand ils se limitent à la seule dimension économique. L'interaction homme-nature franchit une nouvelle dimension, les idées simples ne devraient pas être de mise et la modestie une vertu. Si l'on veut agir sur l'homme pour que sa réaction ait éventuellement un impact sur le milieu, il faut décrire une chaîne de causalité dans laquelle les bons sentiments sont exclus, même si les objectifs sont nobles. Il se passe rarement ce qui était prévu.

Ainsi, à la fin du XIXe siècle, New York se transformait, grâce aux chemins de fer et aux bateaux à vapeur. Toutefois, les déchargements de passagers et surtout le transport des matières premières et des produits manufacturés étaient effectués par des voitures hippomobiles. Les rues étaient un cloaque, l'épaisseur de fumier dépassait trente centimètres. La ville empestait. Les paysans ne pouvaient plus absorber les quantités phénoménales qui s'amoncelaient dans les rues quand elles ne trouvaient pas le chemin de l'Hudson. Les mouches régnaient. Les prévisions pour l'année 1930 étaient catastrophiques : n'y aurait-il pas à l'époque plus d'un mètre de fumier dans les rues ? Qu'en ferait-on ? Ce très sérieux sujet fut l'objet principal d'une conférence internationale en 1898, la première peut-être sur « l'environnement ». Puis les voitures à cheval disparurent de New York avant 1930 et, avec elles, le crottin.

Bien entendu ce rappel historico-scatologique n'implique pas de ma part une croyance naïve dans le progrès. Les solutions ne sont jamais aussi (provisoirement) élégantes, mais les projections linéaires dans ces domaines à trente ans sont toujours fausses, et la précaution d'aujourd'hui ne me semble pas avoir plus de fondement scientifique que la prévision d'hier ou la médecine d'avant-hier. Il s'agit le plus souvent de croyances infondées, de raisonnements simples bâtis sur des règles de trois qui ne sont « évidents » qu'en apparence, du fait même de leur simplicité. La foi l'emporte sur la raison, certains débats scientifiques sont tout simplement interdits de public. Il en est ainsi notamment du réchauffement de la planète et des OGM, controverses évoquées dans quelques revues de vulgarisation scientifique, quelques émissions tardives, mais censurées dans la presse grand public où seuls se prononcent des écologistes autoproclamés.

Enfin, et cet argument suffirait pour se méfier de ce principe, peut-on raisonnablement croire qu'il est possible de prendre toutes les précautions contre tous les risques imaginables de tous les scénarios du pire ? Un brin de culture historique rappellerait que la muraille de Chine, les châteaux forts du Moyen Age ou la ligne Maginot n'ont jamais arrêté les envahisseurs. Quant au choix de la seule défensive, il a toujours été un signe de déclin. Est-il prudent de prendre les mesures que recommande ce « principe » ? La précaution n'interdit-elle pas, par essence… la précaution ? Pourquoi, soudainement, accepterions-nous socialement d'envisager les seuls scénarios du pire ? N'est-ce pas, chez les humains, une forme de maladie mentale ? Pourquoi en serait-il autrement des sociétés ?

2

Naturelle

« L'existence de l'humanité ne se justifie
que par quelques résultats antinaturels
qu'elle a atteints. »

Paul VALÉRY.

En matière d'alimentation, ce qui est « naturel » est meilleur, meilleur pour la santé et meilleur pour l'environnement, cela va sans dire, pense-t-on. Et chacun d'approuver, car les souvenirs reviennent, ceux de la ferme, du jardin, d'un séjour dans un gîte rural. Ils ont à jamais donné le goût du « naturel » depuis marqué par l'émotion, car elle seule laisse à la mémoire une empreinte indélébile.

Qui a un jour cherché des œufs dans un poulailler – et non pas dans une usine à pondeuses – se souvient de cette chasse au trésor plus encore que du plaisir de la dégustation de l'œuf fraîchement pondu. Avoir cueilli des cerises sur l'arbre a été pour tout enfant l'occasion d'y grimper, celle de s'en fourrer jusque-là et de garder à vie la saveur particulière d'un fruit mûr chauffé au soleil.

Avoir dans la même journée récolté, ramassé, pêché, chassé... puis cuisiné un légume, un champignon, un poisson ou un oiseau procure un sentiment de plénitude. Certes, ces produits sont frais et parfois objectivement meilleurs, notamment les fruits cueillis à point et non pas trop tôt et qui, par ailleurs, perdent avec le transport en camion frigorifique une partie de leur parfum. Mais la fraîcheur n'est pas tout, il y aussi le fait de savoir d'où vient ce que l'on mange, là encore souvent associé au côté festif de la cueillette, de la chasse ou de la pêche. Je me souviens de l'ambiance des jours où, à la ferme, l'on tuait le cochon : odeurs de ferme, spectacle sanguinolent, précise séparation des rôles, bruits de casseroles, vapeurs de cuisson, délice du boudin frais, jours de fête. Je me remémore aussi l'odeur de pomme qui envahissait la maison quand, à l'automne, l'abondance des fruits du jardin permettait de préparer dans les bassines en cuivre, sorties et nettoyées pour l'occasion, les confitures pour l'hiver que l'on bouchait à la paraffine.

La nostalgie aussi sociale que gustative[5] n'est probablement pas la seule origine de la préférence universelle pour ce que l'on croit être « naturel » – alors qu'il s'agit de tradition, notre seconde nature –, il y a également la crainte de toute forme de restauration collective. En effet, au cours d'un déjeuner à la cantine, l'ignorance de l'origine des produits et la méconnaissance des cuisiniers, comme des modes de stockage, voire de cuisson, active la méfiance innée des omnivores que nous sommes. Capables de manger de tout, les humains, comme les rats, se méfient aussi de tout ce qui est nouveau, différent, et notamment des additifs, des « *produits-chimiques-qui-donnent-le-cancer* » et de toute autre « saleté » que les industriels – par essence indélicats –

5. Elle est d'abord sociale. Je me souviens avoir cuisiné pour de grands amateurs de coquilles Saint-Jacques des noix surgelées. J'ai vanté leur fraîcheur et leur récente provenance bretonne, personne n'a suspecté la supercherie.

pourraient ajouter dans leurs produits. Il est vrai qu'en la matière tout n'est pas toujours exemplaire. Là aussi, les industriels recherchent la rentabilité, en utilisant par exemple des matières grasses moins onéreuses, comme l'huile de palme, mais nutritivement moins bonnes. Il leur arrive aussi de tenter de nous faire croire que les propriétés du produit transformé sont les mêmes que celui d'origine, mais le jus d'orange en bouteille n'a pas encore la même valeur que l'orange pressée. Il n'y aurait donc de vrai que le « naturel ». Mais, quelles sont les caractéristiques de ces produits que nous qualifions si facilement – j'allais dire si naturellement – de « naturels » ? Sont-ils si faciles à reconnaître ? L'eau, le pain, le vin en font-ils partie ?

L'eau, quand elle est de source, de montagne, d'étang saumâtre ou de rivière, mérite en effet parfois ce qualificatif. Mais l'eau disponible au robinet, grâce aux services de la ville ou de grandes entreprises du secteur, ne l'est pas. Rien de moins « naturel » en effet qu'un réseau d'adduction d'eau, rien de plus organisé que le pompage, le filtrage et la mise sous pression dans les canalisations du précieux liquide. L'eau qui sort du robinet, avec ou sans trace de Javel ou d'eau oxygénée, n'a rien de naturel si ce n'est qu'elle n'a pas été synthétisée, et n'est pas plus naturelle d'ailleurs que l'eau en bouteille des grandes marques du marché, même quand leur publicité évoque les alpages de printemps, la fonte des neiges ou les volcans d'Auvergne. Ces eaux peuvent donc être à la fois très pures et très peu naturelles. Certes, les Romains savaient conduire l'eau dans les grandes villes de l'empire, mais c'était déjà au prix de prouesses techniques, leurs aqueducs en sont la preuve.

Depuis le début du XIXe siècle, la qualité de l'eau et sa distribution sont d'ailleurs des indicateurs précis de développement économique et sanitaire. Ils ont été la cause première de la croissance de l'espérance de vie des privilégiés qui ont pu et peuvent en jouir, c'est malheureusement loin d'être encore le cas pour au moins deux milliards d'êtres humains.

« Naturel », « pur » et « sain » ne sont pas des synonymes. Pasteur disait que le vin était la boisson la plus « saine » de son époque, c'était bactériologiquement le cas alors, car l'eau était souvent polluée, naturellement parfois (la typhoïde n'a rien d'artificiel) ou, plus souvent, par la proximité du tas de fumier. Certes, l'abus d'alcool produisait déjà des cirrhoses du foie et des cancers, mais pas la dysenterie. Le vin, lui, mériterait-il alors le qualificatif de « naturel » ? Moins encore, nous allons le voir, si ce « moins » a un sens.

Dans un merveilleux article écrit en 1957[6], Ernest Kahane, biologiste moléculaire, rappelait qu'il a fallu du temps pour que les humains maîtrisent une putréfaction particulière qu'est la fermentation du jus de raisin qui, « ayant perdu de sa saveur sucrée, a gagné une saveur capiteuse à laquelle nous trouvons de l'agrément... [Puis], nous [les hommes] avons lutté de notre mieux contre les putréfactions parasites qui entrent en concurrence avec celle que nous voulons favoriser, nous avons beaucoup tâtonné... C'est que nous agissons à l'aveuglette, arrosant les vignes de cuivre ou soufrant les futailles, sans bien savoir ce que nous faisons et pourquoi nous le faisons... Pasteur a commencé à nous guider, et il nous a singulièrement surpris en nous apprenant que c'est la même moisissure qui provoque la fermentation de la pâte à pain et celle du moût de raisin ».

Car le pain n'est pas plus naturel que le vin. Avant de trouver naturel, en France, d'avoir du pain chez le boulanger, il a fallu que les hommes commencent, il y a environ

6. Ernest Kahane, « Aliments naturels et artificiels », texte paru dans la revue *Raison présente* en 1957 et repris dans *Science et pseudo-sciences*, n° 283, octobre 2008.

dix mille ans, à sélectionner une herbe aux épis riches en gluten et en amidon, à élaborer des façons culturales et, notamment, organiser l'élimination des plantes concurrentes et la chasse aux parasites, puis trouver comment restaurer la richesse des sols par l'assolement et l'enfouissement du fumier. Ce n'est pas tout, car une fois la récolte faite et les épis battus, il a fallu éliminer le son irritant et indigeste. Et... cela continue. Ernest Kahane, dans le même article, rappelle en effet que la farine ainsi obtenue « n'est guère appétissante et nutritive ». Si vous imaginez la cuire au four, grande invention, elle ne sera pas vraiment meilleure. Puis, « vous découvrirez que cette pâte, si elle est faite de façon malpropre, gonfle au repos, et fournit à la cuisson une matière légère, de saveur agréable, que vous nommerez pain, et vous vous habituerez à favoriser cette transformation en ajoutant un peu de pâte de la veille que vous appellerez levain. Après des millénaires de routine et des siècles d'efforts réfléchis, un certain Pasteur vous apprendra que vous provoquez ainsi l'ensemencement par une moisissure, et vous montrera comment agir à coup sûr ».

Non, le pain ne pousse pas dans les champs des pays tempérés, c'est le blé. Le pain est le fruit d'observations attentives, de hasards, de savoir-faire nombreux et aujourd'hui de connaissances scientifiques et techniques. Il en est de même du vin dont on ne rate plus la fabrication, même les mauvaises années, ce qui n'était pas le cas avant la dernière guerre. Dussions-nous déplaire aux nostalgiques d'un passé toujours glorifié, on peut affirmer que la qualité moyenne de ce merveilleux breuvage s'est grandement améliorée au cours du dernier demi-siècle du fait de la sélection des plants, des techniques de culture, des méthodes de vendange et de la maîtrise de la vinification. Certes, la magie de l'interaction entre le terroir, le cépage, la météo et le savoir-faire du vigneron demeure, mais quel progrès ! Naturel ? Pain et vin sont le fruit de la culture, pas de la nature.

Naturel. Si nous nous arrêtons à l'évocation de ce qualificatif c'est que, comme pour les produits issus de l'agriculture biologique, les produits « bio », l'usage du qualificatif « naturel » est un enjeu commercial majeur pour le secteur agroalimentaire. Les agriculteurs et les industriels cherchent aussi à différencier leurs produits et, ce faisant, à accroître leurs profits. Peu leur importe que ces produits soient objectivement meilleurs ; aussi longtemps que les consommateurs y attacheront, au sens premier du terme, un prix, ils chercheront à utiliser ce label. Ainsi, aux Etats-Unis, comme en Europe, des colloques se tiennent pour savoir si, et dans quelles conditions, il est légal d'utiliser ce qualificatif sur un emballage ou dans un message publicitaire.

Si la chimie a fait des merveilles depuis bientôt deux siècles, on s'est aperçu au début des années 1950 que certains produits utilisés dans la fabrication des aliments, à certaines doses, pouvaient être cancérigènes. D'où le vote, aux Etats-Unis, dès 1958, de la « Clause Delaney » qui enrichit la législation américaine en matière d'aliment, de médicament et de cosmétique, réglementation complexe dont l'application est contrôlée par la très puissante Food and Drug Administration (FDA). Elle inspirera, beaucoup plus tard, la création d'agences similaires en France et en Europe.

Et si, dès les années 1970, la FDA se mit à définir ce qu'étaient des parfums ou des couleurs « naturelles », cette tentative modeste n'a pas suffi. Ainsi, le ministère de l'Agriculture américain s'est risqué, non pas à définir ce qu'était un produit « naturel », mais à préciser les produits qui, à l'évidence, ne l'étaient pas. De fait, tout produit auquel a été ajouté un parfum synthétique, un colorant ou un conservateur chimique n'est pas « naturel ». Il doit également être transformé de manière « minimale » pour mériter ce label. La publicité est contrôlée au cas par cas par les agences compétentes quand un industriel prétend vouloir l'utiliser. Ces agences fondent leur avis selon l'origine des ingrédients, le contexte dans lequel le terme « naturel » est utilisé dans la publicité et les attentes du consommateur en la matière, ce qui est, remarquons-le, en partie tautologique.

Bien entendu, ces définitions laissent une grande place aux interprétations. Ainsi, en 2005, il y eut, par exemple, des protestations auprès de l'inspection des fraudes américaines car ce service avait autorisé l'ajout d'un lactate[7] dérivé du maïs[8] dans des produits « naturels », et des associations de consommateurs prétendaient, à juste titre, que ce produit, même s'il existe dans la nature, n'était pas, dans ce cas, « naturel ». Il en fut de même de l'autorisation d'injection de diverses solutions[9] conservatrices dans la viande de volaille. La réglementation européenne est autre, et le terme « naturel » n'a pas, des deux côtés de l'Atlantique, la même signification selon l'usage et le produit retenu.

Plus stratégique a été le débat sur l'usage éventuel d'un sirop de maïs dans les boissons gazeuses « naturelles », sujet important car ce sirop au taux élevé de fructose a un marché potentiel considérable. Après avoir instruit de nombreuses plaintes, la FDA a fait savoir que ce sirop pouvait être utilisé s'il n'avait pas de conservateur et si les acides retenus pour obtenir le substrat étaient conformes à la politique de la FDA en matière de produit « naturel ».

7. Sel de l'acide lactique dont il existe plusieurs formes : sodium, potassium, calcium… Ces sels sont souvent utilisés comme additifs alimentaires du fait de leur pouvoir bactériostatique.

8. Carolyn Fischer, Ricardo Carvajal, « What is natural », *Foodtechnology*, 11.08.www.ift.org.

9. Il s'agit souvent de phosphates alimentaires.

Enfin, toujours aux Etats-Unis, un aliment pour bébé peut être considéré comme « naturel » quand on lui a ajouté de la vitamine C ; en revanche, le label « tout naturel » lui est interdit. On voit bien, nous y reviendrons, que ce sont les valeurs, les croyances, les traditions qui, à un instant donné, dans un pays précis, permettent de classer un produit comme « naturel » – rien d'objectif donc.

Il est normal – une fois encore je n'ose pas dire naturel – qu'il en soit ainsi. Toute la chaîne alimentaire depuis la semence jusqu'au plat préparé en passant par ses ingrédients (farine, végétaux, fromages, condiments, viande...) a fait appel à des techniques, certaines anciennes, d'autres plus récentes, mais aucune n'est « naturelle ». Où mettre la barre ?

Tout commence par les pratiques agronomiques. Un grain de blé non traité peut-il être considéré comme « naturel » alors que cette graine, semence potentielle, a été sélectionnée depuis des millénaires et que des milliers de chercheurs en génétique ont permis qu'il devienne ce qu'il est ? Avant d'être plantées en terre, aujourd'hui, toutes les semences sont traitées pour réduire les attaques microbiennes, limiter le nombre de semis et obtenir une densité homogène sur l'ensemble du champ. Mais quel traitement de cette graine mérite le label de « naturel » ? Pourquoi le chauffage à la vapeur des semences le serait et l'irradiation par des éléments radioactifs – aussi « naturels » que la vapeur d'eau – ne le serait pas ? Ainsi de suite, jusqu'au produit lui-même. Une fois récolté un légume, sa cuisson est-elle naturelle ? Jusqu'où ? Sous quelle forme ? Peut-on utiliser des Cocotte-Minute ? Pour les poissons et les viandes, a-t-on le droit de les saler, de les laisser sécher au soleil, de les enfumer, de les mettre sous vide ou de les congeler ? La distillation des alcools est-elle, à son tour, « naturelle » ? Dissoudre un produit dans de l'eau ou du vin peut passer pour naturel, *quid* du vinaigre, de l'acétone ou de l'hexane ? A-t-on le droit d'utiliser des enzymes, des levures et autres microbes comme dans le cas du pain et du vin ? Tous les fromages sont-ils « naturels » ?

On voit bien que la pauvre nature n'a pas grand-chose à voir dans les réponses à ces questions, que la vapeur d'eau n'est pas vraiment disponible à côté de chez soi à moins d'habiter à côté d'un geyser, et que les choix des instances de régulation dans les différents pays occidentaux tiennent peu d'une évidence « naturelle » qui s'imposerait à tous, mais beaucoup des habitudes et des manières familières de cultiver ou de préparer un repas.

Il en est de même des produits issus de l'agriculture « biologique[10] ». Ils sont « bio », non pas parce qu'ils sont « naturels » mais parce que, aujourd'hui, ils respectent une réglementation qui leur permet de porter ce label. Ils sont « bio », non pas par essence, mais par définition juridique. Il n'en fut pas toujours ainsi, ce label n'ayant pas toujours été protégé, mais aujourd'hui un produit est « biologique » s'il respecte un cahier des charges, effectivement contrôlé. L'agriculteur n'a qu'une obligation de moyens, son produit n'est pas nécessairement plus sain – il l'est souvent moins du fait de la présence de bactéries et de champignons microscopiques –, il n'est pas non plus nécessairement meilleur. Enfin, il est aussi plus difficile à conserver et plus cher. La propreté relative de certains produits d'origine animale, comme les œufs, peut aussi être en défaveur des produits « biologiques[11] ». En effet, ils sont plus contaminés par les salmonelles que ceux des poules pondeuses élevées en batterie à la coquille propre,

10. Le terme américain est *organic*.

11. J'ai déjà fait remarquer que les autres, heureusement, l'étaient aussi, « biologiques ».

rapidement emballés et vendus immédiatement après la ponte[12].

Les produits « bio » sont, le plus souvent, plus respectueux de l'environnement, pas toujours cependant. Ainsi leur charte autorise l'utilisation à forte dose du cuivre dont l'oxychlorure est toxique. Le sulfate de cuivre a été utilisé dans la culture de la vigne et des arbres fruitiers depuis plusieurs siècles. Certains pays, comme la Hollande, l'ont interdit du fait de son danger, en agriculture traditionnelle, mais pas pour l'agriculture bio… même si, en Allemagne, « l'Agence fédérale pour l'environnement [considère] que l'usage du cuivre représente un risque inacceptable pour l'environnement, en particulier pour les oiseaux, les petits mammifères, les vers de terre et les organismes aquatiques[13] ». Intéressant ! Il faut dire que les agriculteurs biologiques ont peu d'autres choix sauf, les mauvaises années, à revenir aux techniques traditionnelles quand ils constatent que les méthodes « bio » ne suffisent pas à éliminer les parasites, eux très « bio ».

Un produit biologique sain – ce n'est pas le cas de tous – est-il meilleur pour la santé ? Il n'y a là rien d'évident. Deux études, l'une française[14], l'autre britannique, montrent qu'il y a très peu de différence significative dans la composition des aliments issus de l'agriculture biologique et les autres. Il est alors normal que leur bienfait n'ait, dans ce domaine, jamais pu être démontré. Il semblerait qu'il en soit ainsi des produits cosmétiques. En effet, selon la revue *60 millions de consommateurs* publiée en août 2010, les deux produits antirides qui, d'après leurs tests, ont le moins

---

12. Léon Guegen, « Que penser de l'agriculture biologique et des aliments Bio ? », Afis, *Science et pseudo-sciences*, n° 283, octobre 2008.

13. « Le bio sauvé par l'industrie chimique », *Agriculture et environnement*, 21 mars 2010.

14. Afssa, *Evaluation nutritionnelle et sanitaire des aliments issus de l'agriculture biologique*, 2003 (www.afssa.fr).

d'effets sont les produits qualifiés de « bio ». Découverte rassurante : il semblerait donc que cette industrie ait fait quelques progrès depuis Néfertiti !

Pesticide, insecticide, fongicide, les dangers d'une réglementation tatillonne

Les instances réglementaires françaises, certainement influencées par le Grenelle de l'environnement, sont prises du zèle des nouveaux croyants. Elles viennent prêcher l'exemple et donner des leçons d'orthodoxie environnementale au monde entier. Plus rigoureuses que les, déjà tatillonnes, instances européennes, elles pénalisent fortement les producteurs de notre pays. On pourrait en rire, il faut en pleurer quand le revenu des agriculteurs français baisse, que le pouvoir d'achat des consommateurs stagne et qu'ils ne sont en rien « protégés » par cet extrémisme. En effet, leurs concurrents européens ne sont pas soumis aux mêmes règlements et leurs produits sont vendus en France[15]. Soudainement, la France a perdu sa fibre agricole, et les consommateurs ne semblent pas en tirer de bénéfice tangible.

Ainsi, pour lutter contre le puceron lanigère, originaire d'Amérique et recouvert d'un amas cotonneux blanc qui le protège, seule la molécule pyrimicarbe, peu efficace, est autorisée en France. Une molécule plus efficace, la clothianidine, est en revanche accessible depuis plusieurs années chez nos voisins européens ! Par une sorte d'absurde justice distributive, ces mêmes instances pénalisent aussi les agriculteurs biologiques qui eux n'ont tout simplement aucun produit et ne peuvent même pas

15. Rassurez-vous, ils ne sont pas dangereux !

recourir, comme les autres arboriculteurs européens, à l'huile d'un arbre originaire d'Inde, le margousier, qui contient une substance active pouvant être utilisée comme insecticide (l'azadirachtine). Certes, ce puceron a des prédateurs, la coccinelle ou la larve de chrysope, la lutte biologique peut donc être efficace, mais ces prédateurs ne sont pas toujours présents quand on a besoin d'eux. Il reste donc à prier le Seigneur. Je ne sais si c'est « biologique » ou « naturel », mais c'est peut-être la raison pour laquelle la coccinelle s'appelle aussi la bête à bon Dieu.

Marquées par leur prudence précautionneuse, les instances françaises n'homologuent les produits que longtemps après les autres pays, et nous voudrions une agriculture exportatrice et des produits bon marché !

Rappelons, une fois encore, que les pesticides ont été inventés pour tuer des « pestes », des « ravageurs », champignons, insectes, virus, bactéries, êtres unicellulaires, autres plantes et animaux, au nombre infini, qui apprécient la plante, l'animal ou son milieu, et cherchent aussi à en vivre ou à y vivre. Qui imagine la rage sanguinaire d'écologistes convaincus quand ils combattent les taupes qui leur ont fait l'affront de vivre dans la pelouse de leur résidence secondaire ? Ils ont tout essayé : poisons, pétards, verre pilé, gadgets électroniques, et peuvent aller jusqu'à, cas authentique, tirer dans le monticule de la taupe qui n'a montré que le bout de son nez et a trop rapidement disparu. Le fusil a éclaté et c'est le nez du chasseur qui marque encore l'instant de cette rage devenue sanguinaire à l'égard de ce mammifère aveugle, ingénieux, résistant, souterrain et aussi « bio » que naturel.

S'il est possible d'avoir un jardin sans pesticide, cela n'est pas le cas de l'agriculture, à commencer par l'agriculture biologique qui utilise de très nombreux produits dont le cuivre et l'éthylène – ainsi aux Etats-Unis sont enregistrés 195 « bio-pesticides ». Le cuivre est notamment un pilier de la protection des produits phytosanitaires en culture bio, particulièrement pour la vigne et les arbres fruitiers. « Les alternatives ne permettent pas actuellement un abandon de ce produit[16]. » Même si, comme l'indique Thierry Coulon, directeur technique de l'Institut français de la vigne, « il existe de nombreux exemples où, dans les sols acides, les quantités de cuivre fongicide accumulées depuis un siècle empêchent aujourd'hui l'herbe, le blé ou même les arbres fruitiers de pousser[17] ». Un produit « bio » n'est donc pas toujours écolo, et il est vraisemblable que si un pesticide quelconque avait les mêmes effets, il ne serait jamais autorisé car il devient toxique pour l'homme, selon l'Organisation mondiale de la santé, dès l'apport de 5 mg par jour. Mais on en a besoin, et il n'y aurait pas de vin biologique sans cuivre.

Les « pestes », quand elles prolifèrent, réduisent les rendements, ce qui a un impact évident sur le revenu de l'agriculteur. Quant aux produits pour les combattre, ils sont tous à certaines doses toxiques, et notamment, avant de l'être pour le consommateur, pour ceux qui les fabriquent et ceux qui les manipulent. Mais une trace de produit toxique dans un légume ou un fruit n'est pas nécessairement néfaste. Le cuivre, toujours lui, toxique à certaines doses, est absolument indispensable à l'état de trace, il joue notamment un rôle dans le transport du fer.

Certes il y a la découverte, après plusieurs études castémoins, d'un risque significativement plus élevé chez les agriculteurs d'être atteints de la maladie de Parkinson, mais, à ce stade, il est impossible d'affirmer que cela soit

16. Eric Maille, technicien viticole, « Le bio sauvé par l'industrie chimique », *Agriculture et environnement*, 21 mars 2010.
17. *Ibid.*

dû à l'utilisation abusive de pesticides. En effet, « trois arguments forts ne sont pas en faveur du caractère causal de la relation » : aucune famille chimique ou matière active n'a pu être mise en évidence, il n'y a pas de relation dose-effet et il n'existe pas de mécanisme neurotoxique biologiquement plausible[18].

La division par deux de l'usage des pesticides en France, pour 2050, a été un des engagements du Grenelle de l'environnement. Mais comme le soulignent les deux rapporteurs de « Pesticides et santé[19] » avant l'examen du projet de loi « Grenelle 2 » examiné à l'Assemblée nationale entre le 4 et le 7 mai 2010, cet engagement pourrait introduire « une plus grande sensibilité des cultures aux aléas parasitaires et donc une probable diminution des rendements, une hausse des prix agricoles, la possible disparition de nombreux fruits et légumes, et des phénomènes de résistance aux ravageurs ». Ils ajoutent : « Aucune étude scientifique n'est en mesure aujourd'hui de faire un lien, chez l'homme, entre la consommation d'aliments issus de l'agriculture conventionnelle qui utilise des produits phytopharmaceutiques et la survenue de maladie. » Et concluent, comme nous le soulignons ici, que « la sécurité sanitaire des aliments est dans certains cas renforcée par l'emploi des pesticides ». D'autant que « diverses études internationales s'accordent pour dire que globalement [le risque de cancer] est moindre chez les agriculteurs qu'au sein de la population générale ».

---

18. Postel-Vinay (N) *et al.*, « Dossier Produits phytosanitaires », *Le Concours médical*, t. 130, 9 septembre 2008.

19. Claude Gatignol, Jean-Claude Etienne, « Pesticides et santé », rapport de l'Office parlementaire des choix scientifiques et technologiques, avril 2010.

Un verger conforme aux règles, mais un verger… sans pommes

Depuis 1997, les producteurs de pommes ont mis au point une charte des Productions fruitières intégrées (PFI), respectueuse de l'environnement. Elle limite notamment l'usage des produits phytosanitaires. Mais voilà qu'apparaissent de nouvelles directives ministérielles plus contraignantes encore. Les dernières découlent d'un arrêté du 12 septembre 2006 relatif à la « mise sur le marché et à l'utilisation des produits visés à l'article L. 253-1 du code rural ».

Un arboriculteur du Lot-et-Garonne, bon citoyen et respectueux des pouvoirs publics, décide de les appliquer à la lettre, dès que la récolte 2007 a été ramassée. De toute bonne foi, il pense que la qualité de ses fruits va en bénéficier et qu'il pourra s'en prévaloir auprès des consommateurs. L'expérimentation porte sur quinze hectares de pommes « Gala », « Golden » et « Grany ». Elle est suivie par six producteurs, deux techniciens et des ingénieurs du Centre d'expérimentation des fruits et légumes (Cefel). Un huissier effectue quarante-six visites de contrôle sur place entre le 17 mars et le 31 août 2008. Cette expérience, parfaitement respectueuse des règles, a malheureusement produit des pommes qui ne pourront pas être commercialisées ! Les fruits sont tachés par la tavelure (un champignon), et donc invendables, tout justes bons à fabriquer du jus de pomme. Que s'est-il passé ?

En application de l'arrêté, il n'est certes pas interdit d'utiliser des pesticides, mais leur usage est strictement réglementé. Ainsi, l'arboriculteur ne peut pas rentrer dans une parcelle dans les quarante-huit heures qui suivent le traitement de certaines substances[20]. Plus contraignant encore, il est impossible de traiter si le vent souffle à plus de force 3 (19 km/h), chiffre précis que l'on ne mesure pas le nez en l'air. Il faut alors installer une station météorologique liée à un téléphone portable (12 000 euros) et s'arrêter de traiter dès que le vent souffle. Le verger expérimental va ainsi l'être trente-quatre fois contre la tavelure, sans résultat, alors qu'il aura suffi de vingt passages dans les autres parties de l'exploitation où étaient respectées les règles professionnelles (PFI). Vingt passages suffisaient donc pour produire de belles pommes, par ailleurs moins onéreuses, car la main-d'œuvre de chaque passage coûte cher, sans compter les dépenses de fuel du tracteur requis à chaque vaporisation.

Cette technocratie policière, tatillonne et inefficace n'est bonne pour personne. Ni le producteur, ni le consommateur, ni même l'environnement n'en bénéficient. Rappelons que la consommation de fruits et de légumes a une forte incidence sur la baisse des cancers et qu'une des raisons de leur faible consommation est leur prix. Etonnons-nous du fait que de tels arrêtés soient publiés sans avoir été préalablement testés et demandons-nous si le ministère de l'Agriculture a vraiment l'intention d'installer des caméras dans tous les vergers et vignes de France pour voir si ses instructions sont respectées car, avec de telles consignes, on ne peut être que délinquant.

20. Ainsi, l'article 3 de cet arrêté stipule dans son alinéa II : « Sauf dispositions prévues par les décisions d'autorisation de mise sur le marché visées à l'article L. 253-1 du code rural, le délai de rentrée est de 6 heures et, en cas d'application en milieu fermé, de 8 heures. Il est porté à 24 heures après toute application de produit comportant une des phrases de risque R36 (irritant pour les yeux), R38 (irritant pour la peau) ou R41 (risque de lésions oculaires graves) et à 48 heures pour ceux comportant une des phrases de risque R42 (peut entraîner une sensibilisation par inhalation) ou R43 (peut entraîner une sensibilisation par contact avec la peau). »

Un arboriculteur du Gard[21], âgé de quatre-vingt-un ans, m'écrit que, « quittant l'école en 1943, je me trouvais l'hiver 43-44, tenant une lance et traitant des pêches avec du sulfate de cuivre[22] neutralisé à la chaux, des oxychlorures de cuivre, puis avec des huiles blanches, d'anthracène, bouillie sulfocalcique et, plus tard des colorants nitrés. Notre protection était sommaire : de vieux vêtements. Le cheval, le tonneau, les hommes, tout était finalement bleu ou jaune, les joues brûlaient un peu… Les hommes d'alors puisaient leur énergie dans l'alcool. Le salaire comprenait deux litres de vin par personne, voire plus pour qui supportait, et finalement ils mouraient de cirrhose la cinquantaine venue. Ce sont les seuls cas de mort précoce dont je me souvienne… A cette époque, la chimie proposait peu, le décapage des vieilles écorces par effet mécanique et chimique nettoyait l'arbre de tout parasite, champignon, œuf ou larve hivernant sous elles. De ce fait, les attaques en saison étaient faibles…

« L'air du temps pour "protéger" la nature oublie l'alimentation humaine ou, au mieux, fournit une alimentation hors risques et hors prix pour une minorité aux méninges et comptes en banque encombrés ! »

Il termine sa lettre en me disant qu'au printemps un apiculteur installe cent cinquante ruches dans ses vergers et que, ce matin-là, il a dû ralentir un temps pour laisser le passage à une compagnie de perdreaux, phénomène remarquable dans ces régions. En effet, en raison d'une chasse intensive, le petit gibier à poil ou à plume avait quasiment disparu du midi de la France.

Cette histoire conduit à rappeler ce qu'est un produit chimique. Un produit « chimique » est un produit naturel

21. Henri-Paul Bois.
22. Produit aujourd'hui très dangereux mais accepté dans les cultures dites « biologiques ».

ou synthétique qui peut interagir avec un système biologique. Le sulfate de cuivre est chimique, le fumier est chimique[23], les humains sont (aussi) chimiques, la nature est chimique, et le grand toxicologue britannique, Alan Boobis, rappelle que « le lien entre produit chimique et santé est irresponsable, hystérique et destiné à faire peur ». Et il n'y a pas que l'agriculture. Le DDT banni trop longtemps a été heureusement utilisé à Naples pour combattre l'épidémie de typhus qui ravageait la ville au moment de sa libération par les alliés en 1943. De même certains des trop rares survivants de l'Holocauste ont dû le maintien de leur vie fragile à l'usage de ce très efficace pesticide.

Nous avions montré dans un précédent ouvrage[24] que de trop nombreuses règles étaient basées sur la linéarité des effets biologiques. Or cette linéarité n'a pas été démontrée pour la très grande majorité des produits. Le plus souvent, un produit qui à la dose de 1000 tue une personne ne tue pas une personne sur mille à la dose de 1. Ainsi l'eau de Javel à l'état pur est très toxique mais ne l'est pas quand elle est très diluée. Vingt litres d'eau par jour sont mortels, ce n'est pas le cas du vingtième de cette dose, soit un litre… Toutefois, il existe des produits actifs à de toutes petites doses, comme les hormones, mais ceci est une autre histoire.

Des vaches écoresponsables

Les raisonnements simples, la volonté manichéenne de classer à tout prix ce qui est bon ou mauvais pour l'homme

---

23. Rappelons qu'il existe aussi plus de mille directives-règlements qui s'appliquent au secteur de la chimie.
24. Jean de Kervasdoué, *Les Prêcheurs de l'apocalypse*, Plon, Paris, 2007.

ou la planète, empêchent d'apprécier la réalité. Ainsi, dit-on, les vaches – et donc la consommation de lait et de viande bovine – contribuent grandement à l'augmentation des gaz à effet de serre. La vérité est que cela dépend de la manière dont ces ruminants ont été élevés. Si, pour les engraisser, les vaches sont nourries de maïs dans des stabulations libres, effectivement leur « emprunte carbone[25] » est élevée, en revanche ce n'est pas le cas si la bête est en plein champ et se nourrit d'herbe qu'elle valorise ainsi. Certes, cette dernière, celle qui ne mange que de l'herbe, rote plus que la vache parquée et rejette donc plus de méthane, mais, globalement, durant sa vie elle rejettera moins de gaz à effet de serre par kilo de viande. Comme, par ailleurs, elle engraissera la terre par ses déjections, les champs où elle est passée demanderont, plus tard, moins d'engrais. L'empreinte carbone d'une vache, sa contribution au rejet de gaz à effet de serre peut même être négative alors que les végétariens mangeurs d'un tofu fabriqué à partir de soja cultivé au Brésil peuvent ainsi être moins « écoresponsables » que des amateurs de biftecks. Il faut dire cependant que la viande ainsi produite est deux fois plus onéreuse du fait des coûts de main-d'œuvre et que l'animal met deux fois plus de temps pour atteindre un même poids[26], écoresponsable donc mais vachement cher.

La méconnaissance, l'inculture, voire le mépris des urbains de moins de cinquante ans en matière d'agronomie et d'alimentation sont abyssaux. Cette ignorance dédaigneuse pose un problème politique. Pour les urbains, campagne et nature se confondent. Ils ignorent qu'il n'y a plus en Europe de lieu « naturel ». Nos paysages, nos forêts

25. Le rejet de gaz carbonique.
26. Lisa Abend, « Save the Planet : Eat More Beef », *Time*, January 25, 2010.

ont été et sont le fruit d'attentions et d'interventions humaines continues, attentives et répétées. Quand un urbain de plus de cinquante ans utilise le qualificatif de « naturel », il veut dire « familier », car il se réfère inconsciemment à une enfance qui a gommé le tas de fumier devant la ferme et la grande pauvreté des agriculteurs. Il n'existe pas non plus de forêts « naturelles » en Europe, même si l'administration des Eaux et Forêts évite depuis un demi-siècle d'intervenir dans quelques parcelles, notamment en forêt de Fontainebleau. On devrait y conduire les enfants, ils y découvriraient la quasi-impossibilité de pénétrer dans ces sous-bois sans se faire griffer par les ronces, l'indescriptible fouillis d'arbres abattus et le faible rendement de ces espaces.

Quant aux cultures, peu de contemporains ont l'idée du bouleversement des paysages français en moins d'un siècle. Il est impossible, à l'exception des sous-bois, des chemins creux et des forêts, de tourner en France un film en extérieur sans faire d'anachronisme. Un champ de blé d'aujourd'hui n'a pas la densité d'il y a cinquante ans, cela se voit. Avant la guerre de 1940, le maïs ne poussait pas au nord de la Loire. Les vaches Holstein (vaches laitières blanches et noires) n'avaient pas envahi nos étables… Vraisemblablement, ce qui serait le plus frappant pour l'agriculteur du XIXe siècle qui reviendrait aujourd'hui dans son village serait de trouver une campagne vide. Certes, aux saisons des labours, des semailles ou des moissons, on devine de loin en loin la poussière de quelques machines tirées par des tracteurs, mais peu d'êtres humains sans carapace automobile.

Depuis 1945, la productivité de l'agriculture s'est accrue au rythme incroyable de 3 % par an, libérant de la sorte plus d'un tiers de la population française des contraintes de la terre et, surtout, de l'élevage. Ainsi, pour marquer cette évidence, quand j'aborde ce sujet en ville, je demande en fin d'après-midi à un tiers de l'assistance de se lever, leur rappelant qu'il ne faut pas oublier d'aller... traire les vaches ! En effet, en soixante ans, les agriculteurs sont passés de 40 % à moins de 5 % de la population active. De surcroît, la part de l'alimentation dans les dépenses des ménages a baissé de 10 % en un demi-siècle (elle est passée de 26 % à 16 %), alors que l'alimentation, à tous points de vue, s'améliorait : nous avons le choix de produits plus nombreux et plus frais et l'on trouve cela... « naturel ». Nous fantasmons la nature et donnons le qualificatif de « naturels » à des produits qu'il faudrait plutôt qualifier de « familiers ».

Je sais, avec Sacha Guitry, que « la reconnaissance est une maladie du chien, non transmissible à l'homme », mais sans être reconnaissant, les urbains pourraient être au moins conscients que leur mode de vie n'est envisageable que parce que l'agriculture est productive et, le plus souvent, raisonnée. Certes, en cas de drame, on redécouvre immédiatement l'importance de l'approvisionnement alimentaire, mais le reste du temps on l'oublie en cherchant un bouc émissaire pour notre éventuelle malbouffe. Les agriculteurs ont produit l'abondance et, soulignons-le aussi, la qualité. Ils permettent à un nombre croissant d'êtres humains de ne plus sentir l'aiguillon de la faim, parce qu'ils ont maîtrisé la nature. En outre, ils ne sont aucunement responsables du fait que leurs contemporains s'installent à table comme s'ils entraient dans une pharmacie, évoquant à longueur de repas les bienfaits de ceci et les méfaits de cela, accompagnés de « moi-je » définitifs, reflets des dernières modes et illustrations de leur ignorance. Il existe heureusement encore quelques résistants qui prennent le risque de goûter un foie gras sans en mesurer les calories, en s'efforçant en revanche d'en capter chaque arôme. Ils ne sont pas encore convertis, ces mécréants, à la nouvelle religion qui prêche que tout dans la vie doit être sacrifié pour, peut-être, vivre plus longtemps. Nul doute que, même quand ils échouent, le temps leur paraîtra bien long !

Mais revenons aux agriculteurs : ils ont dépassé les espérances que l'on mettait en eux, ce qui les a souvent conduits au désespoir avant de disparaître.

3

Scientifique
Vérités et mensonges

« Ce qui est simple est toujours faux.
Ce qui ne l'est pas est inutilisable. »

Paul VALÉRY.

Habitués de la politique et donc du monde des valeurs et des opinions, les médias présentent le plus souvent les controverses scientifiques comme s'il s'agissait d'un classique débat d'idées. Elles le sont bien entendu par essence, mais elles utilisent pour trancher leurs permanentes controverses des règles particulières, le plus souvent ignorées. Il arrive alors de voir les médias placer sur un même pied des études maintes fois répliquées aux hypothèses solides et des opinions qui n'ont jamais trouvé la voie d'une revue respectable, mais dont les auteurs ont été entendus par telle ou telle commission… parlementaire. Les premières informent de résultats de recherches, les secondes font état d'hypothèses plus ou moins farfelues, mais scientifiquement infondées au sens où elles ne s'appuient sur aucune validation empirique acceptable par la communauté mondiale des chercheurs, rigoureuse par essence[27].

L'ordre de la science n'est pas celui de la politique, même quand il touche à des domaines qui en sont proches comme la santé, la vie en société ou l'écologie. Il y a plus de trois siècles, Blaise Pascal soulignait la nécessité de séparer les ordres[28], de même, aujourd'hui, il importe, autant que possible, de distinguer l'ordre de la politique et celui de la recherche. Le premier demeure le règne des valeurs, du juste, de l'équitable, du fraternel, du bien, du mal et... du pouvoir. Le second s'intéresse au reproductible, au « vrai », non pas au sens d'une révélation divine, mais au sens pragmatique de ce qui marche, de ce qui aide à comprendre la nature et, si possible, permet de la maîtriser. Depuis *Les Prêcheurs de l'apocalypse*[29], je plaide pour séparer l'écologie (science de la nature) de l'écologie politique (mouvements d'opinion plus ou moins canalisés par des partis et des associations). S'il est indispensable d'avoir une politique qui traite des questions écologiques, comme il l'est d'avoir une politique qui traite des affaires scientifiques, la politique scientifique n'est pas plus scientifique que la politique écologique n'est... écologique ; elles sont, l'une et l'autre, politiques. Pour paraphraser une phrase-clé du Nouveau Testament, il faut rendre à

27. Nous savons, notamment après les travaux du philosophe américain Hilary Putnam, qu'il n'y a pas d'opposition stricte entre faits et valeurs, mais plutôt une « distinction ». Toutefois, le constat que les faits présupposent des valeurs ne peut pas conduire à la conclusion que tout est subjectif, et, avec les pragmatistes américains, nous pensons que le doute doit aussi être justifié. Il faut aussi des raisons pour douter. Cette position est donc différente de celle des subjectivistes. Nous sommes donc moins positivistes qu'il n'y paraît ici, mais avons choisi de nous montrer sous cet angle quand il nous paraissait approprié.

28. Blaise Pascal, *Trois discours sur la condition des Grands*, in *Pascal*, œuvres complètes, Le Seuil, Paris, 1963.

29. Jean de Kervasdoué, *op. cit.*

César ce qui est à César et à la science ce qui est à la science.

Les choix politiques sont difficiles, et la tentation de prétendre qu'ils s'imposent au nom de la « science » ou de « l'écologie », au nom d'une vérité « scientifique » alléguée, est grande. On a vu récemment les ravages provoqués par le transfert du champ de la théorie économique à celui de la politique économique. En effet, une certaine conception du libéralisme était érigée en dogme « scientifique » et à ce titre « véritable ». Les faits devaient s'y plier, jusqu'à la catastrophe. De même, le secteur de l'énergie en fournit un autre exemple familier : il existe toujours une infinité de manières de produire et de consommer de l'énergie. Certes, il est souhaitable que les scientifiques, dans leurs domaines de compétence, éclairent quand ils le peuvent la décision politique, mais leur rôle s'arrête là. Soulignons d'ailleurs l'importance de l'incidente : « dans leurs domaines de compétence ». En effet, il est fréquent, pour ne pas dire habituel, que des scientifiques donnent des avis hors de leur domaine d'expertise et ainsi trompent leurs contemporains. Hors de leur domaine d'expertise, ils ne sont ni plus ni moins légitimes que n'importe qui d'autre. Leurs opinions politiques se dissimulent alors sous leur titre professoral auquel le public, à tort dans ce cas, attribue une légitimité. Ils l'usurpent.

Bien entendu, l'inverse est aussi fréquent, et il n'y a rien de plus agaçant pour un spécialiste d'un domaine que de se voir dire que tout est affaire d'opinion, que n'importe qui peut parler de tout, en ayant l'idée de rien. Eclairer les choix est le rôle des scientifiques toujours assez précis sur ce qu'il ne faut pas faire, ce qui n'est pas rien[30], mais moins affirmatifs souvent sur ce qu'il conviendrait de

30. Aristote remarquait qu'il est plus facile de se mettre d'accord sur le négatif que sur le positif.

réaliser, et pour cause : dans toute décision interviennent des valeurs qui sont d'un autre ordre que celui de la connaissance.

Enfin, il est étonnant de voir un ministre de la République, qui fut certes en son temps rapporteur de la Charte de l'environnement et grand défenseur, sinon inventeur, du principe de précaution, classer les Académies des sciences et de médecine comme de vulgaires « lobbies ». « Lors de l'élaboration de la Charte de l'environnement, nous avons dû faire face à plusieurs lobbies : celui des Académies des sciences et de médecine, celui d'industries, celui des assurances...[31] ». Curieux propos. La défense de la recherche scientifique et de la raison se place-t-elle sur le même plan que la défense d'intérêts économiques, fussent-ils respectables ? Quelle régression ! Quelle ignorance des motifs qui ont conduit les rois de France puis, plus tard, les républiques à créer des académies, justement pour recueillir ces conseils indépendants ! Lobbies ? Peut-être, au sens où ils ont tenté, en pure perte, de faire entendre leur voix. Mais ces académies n'avaient d'autres intérêts à défendre que ceux de la raison et, avec elle, ceux de leur pays. Est-ce du même ordre ?

Tenter d'éviter la confusion des ordres est indispensable pour éviter l'enlisement des débats. Ainsi, la controverse sur la nature du GIEC (Groupe d'experts intergouvernemental sur l'évolution du climat) illustre ce qui se passe quand la frontière entre science et politique s'estompe. Certes, les experts du GIEC[32] sont des scientifiques de renom, certes, ils peuvent avoir raison, mais la vérité en

31. Nathalie Kosciusko-Morizet, « On ne conjure pas les risques en les ignorant », *Le Monde*, samedi 8 mai 2010.

32. Tous les membres du GIEC ne sont pas des experts, certains sont désignés par les responsables politiques.

science ne s'établit jamais par consensus, surtout si ce consensus est établi par des scientifiques en partie nommés par des politiques. A l'époque de Galilée, le consensus n'était pas l'héliocentrisme. Plus récemment, l'origine infectieuse de l'ulcère de l'estomac, aujourd'hui « évidente », n'était pas la thèse dominante ; quant à l'origine psychologique, et non pas biologique, de l'autisme, elle fut longtemps défendue par des psychiatres de renom. L'intrusion du politique dans la science elle-même est toujours suspecte, ne serait-ce que parce que les politiques pensent, le plus souvent à tort, que la demande sociale, serait-elle noble comme en médecine, suffit à orienter la recherche.

Tout cela ne veut pas dire que le monde de la recherche est moins violent que celui de la politique. Il est féroce, différemment. Ses membres sont sélectionnés sur concours après de longues et difficiles années d'études. Il y a peu de places et beaucoup de candidats qui se battent pour obtenir des fonds et ne survivent que s'ils contribuent en publiant dans des revues à comité de lecture, revues où chaque « papier » est examiné de manière anonyme. Les scientifiques, à l'instar des acteurs et des grands sportifs, sont évalués en permanence. Au sein d'une communauté de spécialistes, le consensus s'établit d'ailleurs assez vite sur la qualité d'un chercheur. S'il peut, pendant toute une vie, dissimuler à son entourage sa valeur scientifique – les rites de la tribu scientifique sont ésotériques pour le commun des mortels –, en quelques années sa réputation professionnelle est établie. Le Mercato[33] des chercheurs a toujours été actif, il devient intense, se mondialise et est aussi élitiste que celui des joueurs de ballon rond. Là encore, il y a les très bons et les… moins bons.

33. De l'italien *mercato* (marché) : marché des joueurs de football.

Autrefois, la réputation de l'Université suffisait à récompenser symboliquement les chercheurs de qualité, aujourd'hui se rajoutent les rémunérations et, comme en matière d'art plastique, s'il existe des chercheurs, et des peintres, désintéressés, ce n'est pas toujours le cas de leurs conjoints. Quoi qu'il en soit, conjoint ou marché mondial, la question de la rémunération des chercheurs de renom est une des raisons pour laquelle la Commission du grand emprunt, présidée à l'automne 2009 par Alain Juppé et Michel Rocard, a proposé au président de la République de doter en capital les grandes universités françaises[34]. Oui, il y a une forte hiérarchie – fût-elle invisible –, et elle est mondiale. Oui, il est difficile d'être chercheur parce qu'il y a toujours un article à lire, un congrès à préparer, une proposition de recherche à rédiger et un financeur potentiel à séduire. Pourtant, chaque matin, rien n'oblige à ce que cela soit fait, sauf un puissant moteur intérieur doublé d'une personnalité structurée. Dans les domaines médiatiquement visibles, ceux des sciences écologiques, sociales ou médicales, cette hiérarchie recoupe souvent la réputation médiatique, mais pas toujours. Les très bons sont en général visibles, certains autres le sont aussi. Pourquoi ?

Ces disciplines touchent à la vie des hommes et ils recherchent un fondement rationnel à ce qu'ils croient, ils sont en quête de sens, fût-il éphémère et *a posteriori*. Le chemin chaotique de l'économie européenne, notamment depuis 2008, et les variations de la Bourse ont fourni de réjouissants échantillons d'interprétations aussi successives que contradictoires, d'une réalité surprenante pour

34. Pour donner un ordre de grandeur dans le domaine de l'économie et de la gestion, le rapport de revenu annuel d'un professeur titulaire entre une université française et une grande université internationale, américaine notamment, est de un à cinq !

les « spécialistes ». A quelques jours d'intervalle, il était amusant de regarder de doctes savants utiliser des arguments toujours très sensés, mais éminemment périssables. Même quand les phénomènes sont surdéterminés, ce qui est le cas en économie, à court terme. Les hommes cherchent toujours à prévoir, même quand, au mieux, ils ne peuvent que comprendre, *a posteriori*, le ou les facteurs qui ont été déterminants. Cela conduit à un rappel épistémologique qui va permettre d'entrevoir pourquoi, dans ces domaines, des opinions contradictoires peuvent longtemps cohabiter, sans qu'aucune ne l'emporte.

Les historiens savent que tout événement est surdéterminé, autrement dit déterminé par de trop nombreux facteurs pour qu'il soit reproduit ou prédit. D'où la difficulté des sciences écologiques et sociales quand elles traitent d'événements, comme les crises financières ou les conséquences humaines des catastrophes naturelles. Car, soulignons-le, il n'y a de catastrophe que s'il y a des conséquences humaines, sinon on parlerait de « phénomène » naturel. Toujours est-il que, quelle que soit la nature de la catastrophe, il est en général quasi impossible d'isoler l'effet d'un facteur unique. Pourtant, en science, une des phrases-clés, sorte de mantra connu de tous, est « toutes choses étant égales par ailleurs ».

On démontre en effet que A influence B uniquement si l'on est convaincu qu'il n'y a pas d'autres variables qui pourraient, outre l'effet de A, agir également sur B. Il ne s'agit pas d'un rite, mais d'une prudence épistémologique essentielle. Or seules les sciences expérimentales, celles où l'on peut contrôler tous les paramètres, permettent, et encore souvent avec de grandes difficultés, d'isoler une variable pour en mesurer l'effet. Il est plus facile, notamment pour de fondamentales raisons éthiques, d'analyser la physiologie des drosophiles ou des souris que celle des hommes.

On peut, pour les animaux de laboratoire, contrôler leur milieu, leur alimentation, leur sexualité, sélectionner des lignées génétiques, induire des mutations, provoquer une transgénèse et voir, par exemple, si la présence ou l'absence de tel gène a bien, dans certaines circonstances, l'effet escompté.

Rien de tel en médecine clinique (heureusement) ou en sciences sociales, domaine où il y a encore moins de véritables « expériences ». De surcroît, même celles qui ont eu lieu, comme l'étude de la Rand Corporation en matière d'assurance médicale, sont méthodologiquement contestées, ce qui remet en cause leurs conclusions largement diffusées mais, à l'évidence, fragiles[35]. Ainsi, pour nous limiter à cet exemple, cette expérience avait pour objectif de rechercher si la consommation de soins médicaux diminuait avec le niveau de couverture assurantielle et, si oui, de combien. L'expérience a, semble-t-il, répondu par l'affirmative et montré que les gens consommaient moins de soins médicaux quand ils payaient une large part de leur poche (ce qui n'est pas loin du sens commun). Toutefois, l'on a découvert récemment que les participants à cette « expérience » pouvaient retrouver, s'ils le souhaitaient, leur couverture maladie antérieure. Or l'on vient de se rendre compte que ceux qui étaient assignés par le « plan d'expérience » au groupe dont les participants devaient payer le plus de leur poche avant de commencer à être remboursés – celui où il y avait un fort « ticket modérateur » – ont pour la plupart choisi d'abandonner l'expérience quand ils étaient vraiment malades si leur assurance maladie antérieure, celle d'avant l'expérience, était plus généreuse. On les comprend, mais cela remet en

35. John Nyman, « Health Plan Switching and Attrition Bias in the RAND Health Insurance Experiment », *Journal of Health Politics Policy and Law*, vol. 33, n° 2, avril 2008, pp. 309-317.

cause toutes les belles conclusions des économistes de la santé en matière de « risque moral ». Autrement dit, cette expérience ne montre pas que les gens consomment moins de soins quand ils sont mal assurés.

« Toutes choses étant égales par ailleurs » est un impératif très contraignant en sciences sociales, il l'est donc aussi en santé publique à la fois science médicale et science sociale, et en écologie, science de la nature et science sociale quand l'homme intervient. Il peut y avoir une écologie expérimentale de micromilieux, mais pas d'écologie expérimentale de la planète Terre. Cela explique la difficulté de trancher entre les tenants de l'origine humaine du réchauffement climatique et les adversaires de cette thèse. Des difficultés de même nature se posent en épidémiologie.

On a récemment prétendu que les Antillais avaient un taux supérieur de cancers de la prostate parce qu'avait été utilisé dans les Antilles françaises un produit phytosanitaire dans les bananeraies. Certes, il existe une corrélation entre le taux de chlordécone dans le sang et le risque de cancer de la prostate chez les Guadeloupéens qui ont un antécédent familial et ont résidé en métropole. Le risque relatif est de 1,8[36]. Ces travaux épidémiologiques constituent une forte présomption, mais ne sont pas des preuves, d'autant qu'entre les doses d'exposition des personnes jugées « à risque » et l'effet toxicologique démontré le facteur de précaution qui a été retenu est de 450 ! Autrement dit, une personne est « surexposée », au sens administratif du terme, quand elle reçoit une dose 450 fois inférieure (45 000 %) à la dose biologiquement toxique. La toxicité bureaucratique est heureusement très inférieure à la toxicité biologique. Enfin, on a depuis longtemps remarqué, sans que l'on sache pourquoi, que les hommes de

36. Paul Benkimoun et Eddy Nedelkovski, « Aux Antilles, le scandale sanitaire du chlordécone », *Le Monde*, mercredi 23 juin 2010.

race noire étaient plus souvent sujets aux cancers de la prostate. Quel est alors le facteur important, quand, par ailleurs, on sait que .

— cette étude n'a pas été répliquée,

— la plupart des épidémiologistes n'attachent de l'attention à un facteur de risque que s'il dépasse 3 – nous avons vu qu'il était dans cette étude de 1,8,

— si l'on peut comprendre le rôle des antécédents familiaux, on ne sait pas pourquoi la « résidence dans un pays occidental » est associée à une augmentation du risque et interagit avec l'exposition à cette molécule ?

Aussi, avec le Pr Pascal Blanchet, je pense qu'il y a effectivement une « présomption de culpabilité » du chlordécone, molécule dangereuse à certaines doses, mais, à ce stade, aucune preuve.

Pour qu'il y ait une relation de cause à effet, plusieurs conditions doivent être remplies. Il faut que :

— l'exposition au produit précède le développement de la maladie,

— la corrélation soit importante,

— l'étude soit répliquée dans plusieurs circonstances et sites,

— il existe une explication biologique plausible,

— la croissance de l'exposition au toxique soit associée à la croissance de la maladie.

Dans le cas de l'étude de l'Institut de veille sanitaire sur le chlordécone en Guadeloupe, ce travail ne répond, et encore modestement, qu'à deux de ces quatre critères.

La recherche affirme le faux, l'opinion recherche le vrai. Penser rationnellement n'est pas prétendre à la vérité mais savoir que certaines choses sont impossibles ou n'ont pas lieu d'être. Dans les lignes qui vont suivre, on va donc voir que certaines études, du fait de leur méthode, sont plus probantes que d'autres, car elles se rapprochent de la situation expérimentale. Il y a ainsi des degrés dans la solidité des arguments ; mais, avant de montrer comment, il importe de revenir, une fois encore, sur les ordres de grandeur et l'interprétation des statistiques, en m'excusant d'avance pour ce cours élémentaire que je m'efforcerai de rendre distrayant. Car dans ces domaines, tout commence par des chiffres. Il est essentiel de les comprendre. Ce n'est pas toujours le cas.

Modèles et ordres de grandeur

Alors que l'émotion l'emporte sur la raison, il importe de souligner que la caractéristique essentielle d'un scientifique est l'usage de la mesure. Certes, tout ne se mesure pas, il y a même aujourd'hui d'inquiétantes évolutions dans ce domaine. Les bureaucrates pensent en effet que chaque phénomène, chaque comportement humain peut se mesurer et que cela va permettre de « tout » prédire, de « tout » savoir, regrettable hypothèse ; mais à l'inverse, et c'est ce que nous allons évoquer ici, de simples mesures, d'élémentaires connaissances des ordres de grandeur, permettent de remettre en cause les plus tenaces des lieux communs en se contentant de rappeler quelques chiffres. Il s'agit donc d'une remise en cause empirique.

On va manquer d'eau[37]*...*

Un jour, peut-être, mais ni demain, ni après-demain, ni après-après-demain. Pour comprendre pourquoi, rappelons, cela suffira, quelques données de physique et de géographie.

37 Je remercie tout particulièrement Henri Voron, brillant ingénieur du génie rural des Eaux et des Forêts, qui a beaucoup contribué à la rédaction de ce texte sur l'eau.

L'eau s'évapore sous l'action de la chaleur tant sur les continents que les océans, puis retombe sous forme de pluies (ou de neige) ; elles viennent alors alimenter rivières et nappes phréatiques. La pluviométrie moyenne en France est de l'ordre de 800 mm par an, soit 0,8 mètre. Elle est supérieure dans les zones de montagne, les « châteaux d'eau » de la planète ; la raison en est simple : poussé par les vents, l'air se refroidit en altitude, la température de condensation de la vapeur d'eau – celle qui transforme un gaz (la vapeur d'eau) en solide (neige) ou en liquide (eau) – baisse alors, et la neige ou la pluie tombe.

Comme la surface de la France est de 55 millions d'hectares – c'est-à-dire de 550 milliards de mètres carrés –, il y tombe donc chaque année de l'ordre de 440 milliards de mètres cubes d'eau, soit 440 000 milliards de litres. Une bonne partie de cette eau ne fait que passer car elle repart dans l'atmosphère par évaporation, une autre partie s'infiltre, le reste ruisselle pour alimenter petits ruisseaux et grandes rivières. Ainsi, sur les 800 mm qui tombent sous forme de pluie, celle qui ruisselle, la « lame d'eau » moyenne, est estimée à 320 mm par mètre carré et par an. Autrement dit, 40 % des pluies se retrouvent dans nos rivières, soit 176 milliards de mètres cubes. Si l'on divise la quantité d'eau des seules rivières par le nombre d'habitants de la France métropolitaine (63 millions), chaque Français dispose d'environ 1 800 m^3 d'eau qui pourtant s'écoulent et repartent à la mer.

Prenons tout d'abord l'exemple de la région parisienne pour savoir si une telle masse peut suffire. A Paris, le débit moyen de la Seine est de 320 m^3/s. Sous les ponts de Paris s'envolent des chansons, mais passent aussi, chaque année, environ 10 milliards de mètres cubes d'eau. Provenant de la seule Seine, les 10 millions d'habitants de l'agglomération parisienne disposeraient, s'il en était besoin, de 1 000 m^3 par an. Or, la consommation en eau domestique du Français est d'environ 150 litres par jour, soit environ 55 m^3 par an. Mais soulignons que cette eau « consommée » n'est pas détruite, car 99 % de ce qui coule du robinet repart à l'égout, puis au milieu naturel et… revient. La « consommation » d'eau est en réalité une manière inappropriée de s'exprimer. *Stricto sensu*, ce que l'on consomme est en réalité un service de production d'eau potable par pompage dans le milieu naturel, puis traitement (filtration, oxydation par de l'eau de Javel ou de l'eau oxygénée) et distribution jusqu'au robinet. Ce cycle continue par reprise de l'eau usée issue du réseau d'égouts, son traitement dans une station d'épuration avant rejet au milieu naturel rivière ou nappe phréatique et… on recommence car l'eau de Paris (et d'ailleurs) peut être bue plusieurs fois ! Le coût de ce service est de l'ordre de 0,3 centime d'euro par litre, soit 3 euros par mètre cube, mais, soulignons-le encore, 99 % de l'eau n'est pas consommée, l'eau n'est pas détruite. Existe-t-il un autre produit « précieux », livré à domicile et évacué pour 1 centime d'euro les 3 kilos ?

Les écologistes politiques ont martelé qu'il fallait « économiser l'eau » et de préférence prendre une douche à 15 litres plutôt qu'un bain de 150 litres. Certes, la douche coûte moins cher que le bain, mais, que l'on prenne une douche ou un bain, l'eau s'écoule dans les égouts et, après traitement, reste disponible pour un autre usage en aval (conservation du débit naturel du fleuve – et donc conservation des paysages –, navigation, irrigation, eau potable, etc.). Le débit de la Seine au Havre, quand elle se jette à la mer, est de 563 m^3/s en moyenne, soit 17 milliards de mètres cubes par an. Prendre une douche ou un bain n'a absolument aucun impact sur le prétendu « manque d'eau ». L'eau pouvant être « utilisée » plusieurs fois le long d'une même rivière, il est absurde d'additionner les (fausses)

« consommations » de l'usage domestique et d'en tirer des conclusions alarmantes.

Comme la politique de l'eau est spécifique de chaque bassin versant, qu'en est-il, en quelques mots et chiffres, des autres grands fleuves de France ? A lui seul, le Rhône, même après les grands programmes d'irrigation des trois régions qu'il traverse (Rhône-Alpes, Provence-Côte-d'Azur et Languedoc-Roussillon), débite en moyenne 1 800 m^3 par seconde à son embouchure. Il rejette donc dans la mer Méditerranée environ 56 milliards de mètres cubes chaque année. Plus en amont, les Lyonnais voient passer sous leurs ponts, à l'aval du confluent de la Saône et du Rhône, 30 milliards de mètres cubes d'eau ! Le débit moyen de la Garonne est de 631 m^3 par seconde, ce qui représente environ 20 milliards de mètres cubes par an. Quant à la Loire, son débit moyen à l'embouchure est de 1 000 m^3/s, soit 30 milliards de mètres cubes par an. Au total, les quatre grands fleuves français rejettent en mer 123 milliards de mètres cubes par an. Les apports des autres bassins versants : bassins versants du Rhin (Moselle, Meuse, Rhin lui-même) et des « petits » fleuves côtiers (la Somme, la Vilaine, les deux Sèvres, la Charente, l'Adour, l'Hérault, le Var, etc.) sont estimés à 53 milliards de mètres cubes. On retrouve bien ainsi le chiffre de la « lame d'eau écoulée » de 176 milliards de mètres cubes.

Si pour la consommation courante, l'eau, si j'ose dire, ne fait que passer, il en va différemment de l'irrigation qui, elle, « consomme » de l'eau, car elle l'évapore, donc la détruit provisoirement ; elle n'est toutefois pas perdue, elle est ailleurs sous forme de vapeur. Cette fois, il ne sera pas possible en aval, dans le même bassin versant, de la réemployer. En 2000, environ 1,9 million d'hectares de terres agricoles étaient irriguées, soit environ 6 % de la surface agricole utile (SAU), estimée à 30 millions d'hectares – autrement dit 94 % des cultures sont « pluviales », non irriguées. L'irrigation est inutile sur toutes les cultures céréalières d'hiver (blé, orge, seigle, avoine, colza...). Elle est interdite dans les vignobles de qualité. Il n'y a pratiquement pas d'irrigation au nord de la Loire. La moitié de la surface irriguée l'est donc dans le sud pour le maïs, plante d'origine tropicale qui nécessite un apport d'eau d'appoint en juillet, août et parfois septembre. Le sorgho, le tournesol et le soja requièrent également aux mêmes mois une irrigation d'appoint, quant aux cultures fruitières et maraîchères, elles comptent relativement peu (20 % des surfaces irriguées). Bien entendu, les agriculteurs n'utilisent que rarement leur capacité à 100 % et, par ailleurs, une partie de l'eau d'arrosage s'infiltre dans le sol et rejoint les nappes phréatiques. Toutefois, l'essentiel est évaporé, ou évapo-transpiré, pour utiliser le terme des agronomes qui désigne le phénomène complexe et indispensable de vaporisation de l'eau par les plantes. L'irrigation est donc la seule activité humaine qui consomme vraiment l'eau. Si l'on estime, en moyenne, à 5 000 m^3 par hectare[38] et par an les doses d'irrigation, cela représente 10 milliards de mètres cubes d'eau nets consommés en France, soit 6 % des 176 milliards de mètres cubes d'eau que rejettent à la mer fleuves et rivières.

Quant aux nappes phréatiques, réserves naturelles et souterraines, elles stockent l'eau en période humide et la restituent aux rivières et fleuves en périodes plus sèches. Elles amortissent donc les variations des débits des rivières et jouent un rôle de régulateur, une sorte d'éponge géante. Il ne s'agit pas de réservoir clos mais de rivières souterraines qui sont très vastes par leur section d'écoulement et néanmoins très lentes pour les vitesses (un millimètre par seconde, parfois moins). Certaines irrigations

38. Soit, pour un hectare, la consommation annuelle d'un village de 909 habitants.

se font par pompage dans ces nappes phréatiques. Ce n'est pas le cas général dans le sud du pays (canal de la Durance, canal de Provence, canal du Bas-Rhône Languedoc) où se concentrent 30 % des cultures irriguées de France, mais c'est le cas plus général dans les autres régions. En cas de pompages excessifs, la nappe peut baisser, puis débiter insuffisamment pour permettre l'irrigation du maïs, du soja ou du tournesol. Il faut donc « gérer » la nappe, problème agricole. C'est aux agriculteurs qu'il appartient d'en assurer la responsabilité. Pour les usages courants, il est rarissime que l'eau pompée, une fois nettoyée, ne soit pas suffisante pour alimenter les réseaux d'adduction d'eau potable, même lorsque la ressource est prélevée. En comptant large, et en incluant les usages urbains et collectifs (nettoyage de la voierie notamment), cinq mille mètres cubes par jour suffisent pour une sous-préfecture de 20 000 habitants et conviennent à peine pour irriguer quelques dizaines d'hectares de maïs.

Gérer une nappe est une question dynamique qui doit être faite en collaboration étroite avec la profession agricole en assurant, le cas échéant, une réserve minimale pour les usages non agricoles. Mais les Français, dans un avenir prévisible, ne devraient pas manquer d'eau.

La Terre en 2050 : plus de neuf milliards d'êtres humains ?

En 2008, la population mondiale a atteint 6,7 milliards d'habitants. Il est aujourd'hui couramment accepté que la planète hébergera 9 milliards d'êtres humains en 2050, chiffre revu à la baisse par rapport aux prévisions des années 1970 qui annonçaient en effet un chiffre de 12 milliards d'habitants.

Le chiffre « officiel » actuel, celui de la division des populations des Nations unies, est donc de 9 milliards[39] avec un pic de la population mondiale qui serait atteint en 2075 avec 9,2 milliards d'hommes. Il décroîtrait ensuite pour se stabiliser autour de 9 milliards. Cet ordre de grandeur, retenu par tous, y compris par nous-mêmes, au début du XXIe siècle, n'est ... qu'un résultat de calcul. Il s'appuie sur un « scénario central » qui prend en compte un taux de fécondité de 2,1 enfants par femme soit, comme par hasard, le taux de fécondité nécessaire pour garantir le renouvellement des générations, sans croissance de l'espérance de vie.

Mais pour voir de près, il est souvent utile de regarder plus loin. Si donc l'on change d'horizon et regarde non plus 2050 mais 2300, en ne faisant varier que le taux moyen de fécondité des femmes de 0,5 enfant autour du taux de 2,1 – soit de 1,6 à 2,6 enfants par femme –, la population du globe varierait alors entre 2,3 milliards et 36,4 milliards d'êtres humains[40]. Or, en 2005, déjà, la moitié des femmes de la planète avaient un taux de fécondité inférieur à 2,1, mais les experts s'accordaient sur le fait qu'il faudrait plusieurs décennies pour que la baisse de la fécondité se constate aussi dans les pays moins développés. Il semble cependant que cette évolution se produise beaucoup plus vite que prévu, sauf en Afrique subsaharienne[41]. Il n'est donc plus du tout certain que nous dépasserons un jour les 9 milliards d'êtres humains.

39. L'INED prévoit 9,421 milliards.

40. François Héran, « La population du monde pour les trois siècles à venir : explosion, implosion ou équilibre ? », *Population & Sociétés*, n° 408, janvier 2005.

41. Avec son taux de fécondité actuel, l'Afrique aurait, résultat de calcul, 115 000 milliards (1,15 multiplié par 10 à la puissance 11) d'êtres humains en 2300.

La croissance économique a permis d'améliorer spectaculairement l'hygiène et l'alimentation. La mortalité périnatale a chuté, l'espérance de vie a augmenté, les femmes n'ont plus besoin de faire autant d'enfants pour les assister dans leur vieillesse. Donc simultanément, la natalité baisse, la durée de vie augmente et la population en moyenne vieillit arithmétiquement. Comme l'indique Youssef Courbage, ‹ aujourd'hui la fécondité s'élève à 1,86 enfant par femme en Tunisie, et à 2,26 au Maroc et en Algérie, alors qu'elle était respectivement de 7,25, 7,2 et 7,4 enfants par femme dans les années 1960[42] ›. Il n'attribue ce phénomène ni à la croissance de l'éducation, ni même à l'augmentation des revenus, ces pays sont de ces points de vue hétérogènes, mais à l'urbanisation, à l'emploi féminin et « à l'influence très forte sur le mode de vie de la diaspora qui vit en Europe ».

Il est donc vraisemblable que la population mondiale dépassera difficilement les 9 milliards, en revanche il est certain qu'elle va partout vieillir, et dans les pays du Sud plus rapidement que dans les pays du Nord[43]. En effet, dans le Nord, si j'ose dire, c'est déjà fait, quant au Sud, nous venons de voir que la natalité baissait alors que, fort heureusement, ces pays bénéficiaient enfin de l'allongement de la vie[44]. Alors que la population mondiale augmentera d'environ un tiers, le nombre des personnes de plus de 65 ans sera multiplié par trois. Les trois prochaines décennies leur sont donc très favorables : moins d'enfants, plus d'adultes en âge de travailler et pas encore beaucoup de personnes âgées. On peut espérer que ces pays seront suf-

42. Youssef Courbage, « La croissance démographique chute au Maghreb », *La Recherche*, n° 438, février 2010.

43. En 2050, l'âge moyen en Chine sera supérieur à l'âge moyen aux Etats-Unis.

44. Gilles Pison, « Le vieillissement démographique sera plus rapide au Sud qu'au Nord », *Population & Sociétés*, n° 457, juin 2009.

fisamment prévoyants pour élaborer des systèmes de retraite. En attendant, autre certitude, des flux migratoires vont se développer entre les pays développés dont la population augmentera à peine, si elle augmente, et les pays du Sud dont les enfants de moins de 20 ans sont très nombreux. En 2005, en Afrique, la moitié de la population a moins de 19,1 ans, en Europe la moitié de la population a moins de 38,9 ans[45]. Les uns vont continuer de venir chercher du travail chez les autres, et les autres les accueilleront, pas nécessairement par humanité mais faute de main-d'œuvre.

De cela on peut donc conclure que la croissance de la population du XXIe siècle sera d'environ 2,5 milliards d'êtres humains, très vraisemblablement moins, et donc pas plus de la moitié de la croissance du XXe siècle qui fut de 5 milliards. La « bombe démographique » pourrait n'être qu'un gros pétard.

Il n'est jamais mauvais de regarder comment sont construites les « évidences ».

Les énergies « vertes » sont la solution pour répondre à la demande des besoins énergétiques de l'humanité

La Terre accueillera, nous venons de le voir, entre 8,5 et 9,5 milliards d'êtres humains en 2050 – plus vraisemblablement la partie basse de la fourchette –, dans quarante ans, demain donc[46]. Ces humains consommeront plus d'énergie parce qu'ils seront plus nombreux, certes, mais surtout

45. *Ibid.*
46. Même si, selon toute vraisemblance, je ne verrai pas 2050, il y a moins d'années qui nous sépare du demi-siècle à venir que de 1968 ! Cette arithmétique élémentaire a du mal à être intégrée, au moins dans mon cerveau.

parce qu'ils seront plus riches et plus urbains. Selon Jacques Foos[47], en l'an 2000, un Américain du Nord consommait par an et par habitant 7,8 tonnes d'équivalent pétrole, un Russe 4,1, un Européen 3,6, un Asiatique 0,6 et un Africain 0,3. Quant à l'ensemble de l'humanité, elle consommait, en l'an 2000, 10 milliards de tonnes d'équivalent pétrole (on parle de gigatonnes d'équivalent pétrole : « Gtep »), c'est-à-dire dix fois plus qu'en l'an 1900 (1 Gtep). Le même Jacques Foos estime qu'en 2050 l'humanité consommera entre 32 et 57 Gtep. Autrement dit, que la consommation sera, au minimum, multipliée par trois, or cela est aujourd'hui inenvisageable, même avec l'utilisation des énergies vertes, de celles de l'atome et des sources d'énergie fossile. La demande d'énergie croît fortement, les énergies « vertes » contribueront à répondre en (petite) partie à la demande mais, même à plein régime, elles seraient, seules, loin du compte. Regardons les ordres de grandeur.

Prenons les éoliennes. En construisant 6 millions d'éoliennes, qui occuperaient sur la planète dix fois la surface de la France (toute la France), soit pour Paris intra-muros 2 150 éoliennes (plus de 100 par arrondissement), ce qui coûterait 1,4 fois la richesse mondiale, ces grandes hélices ne fourniraient « que » 3 Gtep. Rappelons à cette occasion que les éoliennes – évidence – ne fonctionnent que quand il y a du vent, soit 20 % du temps[48]. Or, quand elles s'arrêtent, comme la consommation d'électricité ne dépend pas du vent, il faut un substitut. Seules les centrales hydrauliques et les centrales thermiques sont

47. Jacques Foos, *CNAM*, leçon du 9 octobre 2009, « Quelles énergies pour 2050 ? », accessible sur le site du CNAM.

48. Elles ne fonctionnent, eh oui, que quand il y a du vent, et, de surcroît, quand il fait très chaud ou très froid ; en situation d'anticyclone, elles ne fonctionnent pas.

assez rapides pour y répondre. Le Danemark, où 17 % de l'énergie primaire est d'origine éolienne, peut s'appuyer sur les centrales hydrauliques de Norvège pour son approvisionnement, mais cette conjonction est rare car, soulignons-le, l'électricité se transporte mal. Malgré cette géographie favorable, le Danemark demeure cependant le premier émetteur européen de gaz carbonique ! Exemplaire ?

Quant aux autres sources, dites « vertes » ou « alternatives », toujours selon Jacques Foos, l'hydraulique n'apportera, au mieux, que 1,5 Gtep, l'énergie solaire 3 Gtep, la géothermie 1 Gtep, la biomasse 4 Gtep (au prix d'une très forte croissance du prix de l'alimentation et en couvrant vingt-cinq fois la surface cultivable de la France pour la seule biomasse), l'énergie des mers, peut-être, 1Gtep. Enfin, si l'on enlève 1,5 Gtep pour les économies d'énergie, et si vous suivez encore ce calcul fastidieux, on arrive à un solde non couvert de 9 Gtep, en étant très, très, très optimiste et en acceptant des scénarios totalement improbables, comme celui des éoliennes à Paris. Donc, même en ajoutant les combustibles fossiles (8 Gtep contre 5 aujourd'hui) et le nucléaire (maximum de 5,5 Gtep), on n'arrive pas au bas de la fourchette basse dans l'estimation de demande d'énergie (32 Gtep). Bien entendu, il se passera quelque chose et l'on constatera que ces calculs simples n'ont pas pris en compte telle ou telle variable ou prévu des ruptures technologiques et historiques, mais il est absolument certain que le prix de l'énergie va, avec la demande, croître.

Par ailleurs, comme les humains aiment le chauffage en hiver et l'air conditionné en été, comme ils souhaitent ne plus être contraints à laver le linge ou la vaisselle, comme ils goûtent la liberté que procurent les déplacements automobiles, ils ne vont pas s'arrêter en chemin. Ceux qui consomment peu désirent consommer plus. Rappelons d'ailleurs que c'est dans ces pays du Sud que la croissance économique est aujourd'hui la plus forte. Ils vont donc acheter de l'énergie. Les hommes ont goûté aux avantages que procure l'énergie bon marché et feront flèche de tout bois pour les maintenir. Ainsi, en 2009, la consommation de charbon a augmenté de 4,5 % et, pour ne citer que l'Inde, il y fournit plus de 50 % de l'énergie primaire. Comme le rappelle Rupa Devi Singh, présidente de la bourse d'électricité indienne : « Les jeunes ont soif d'électricité [...] Quand le courant arrive dans un village, c'est la ruée sur la télévision par satellite pour capter les 500 chaînes du pays[49]. » Or, entre 1,5 et 2 milliards d'êtres humains n'ont toujours pas accès à l'électricité. Peut-on un instant penser qu'ils ne vont pas s'équiper, s'ils le peuvent ?

Toute cette analyse ne constitue pas un souhait de ma part, je ne porte ici aucun jugement de valeur et, si je le pouvais, j'arrêterais demain le rejet de gaz à effet de serre. Ce que je souhaite n'a aucune importance, je regarde la situation de l'offre et de la demande et j'en déduis que les écologistes, tel Denis Baupin[50], qui continuent de dire non au nucléaire, non à l'enfouissement du gaz carbonique (seule technique qui puisse permettre d'utiliser les grandes réserves de charbon sans accroître le rejet de gaz carbonique dans l'atmosphère), soit ne connaissent pas les ordres de grandeur, soit tablent sur l'ignorance du public pour imposer leurs vues déformées, y compris dans la lutte contre le réchauffement climatique. Il est vrai que M. Baupin fait tout pour que la ville de Paris construise deux ou trois îles flottantes sur la Seine pour la crème des habitants du 7e arrondissement, sûrement avec, en plus, pour le décor, deux ou trois éoliennes. Durable ?

---

49. Fabrice Nodé-Langlois, « Deux milliards d'hommes encore privés de courant », *Le Figaro*, mercredi 15 septembre 2010.

50. Denis Baupin, « Rebonds », *Libération*, 7 août 2009.

Pourcentages

Les résultats d'étude s'expriment le plus souvent en pourcentage. Rappelons tout d'abord que cette notion n'est pas la même si l'on s'intéresse à une population, ensemble fermé, où si l'on cherche à mesurer l'évolution relative d'un paramètre.

Ainsi, si l'on s'intéresse aux causes de mortalité des Français, le total sera toujours égal et ne dépassera jamais 100 %. Comme 100 % des Français sont, malheureusement, mortels, et que certaines causes de mortalité diminuent, les maladies infectieuses par exemple, il faut bien qu'il y en ait d'autres qui augmentent en pourcentage. Il ne faut pas nécessairement s'en alarmer. Il en est ainsi des cancers. Même si l'on en détecte plus, à âges comparables, en valeur absolue, les Français meurent moins de cancers aujourd'hui qu'hier, en revanche le taux de mortalité par cancer augmente dans la population, tout simplement parce que les autres causes de mortalité décroissent plus vite. Cela n'a rien à voir donc avec le monde moderne ou une éventuelle épidémie due aux antennes relais, aux produits chimiques, aux lignes à haute tension ou à la confiture d'orange, mais tout à voir avec l'arithmétique. Cette bonne nouvelle – la baisse de la mortalité par cancer – peut donc être présentée de manière dramatique, sans autres raisons que l'incompétence ou la volonté de faire peur.

Par ailleurs, mathématique très très élémentaire, si l'on cherche à mesurer l'évolution d'un paramètre, le pourcentage peut être présenté de deux façons, selon le chiffre que l'on place au numérateur. Si l'on remarque que, dans deux départements, il y a respectivement 20 et 10 nouveaux cas de cancers pour 100 000 habitants chaque année, la proportion n'est pas la même selon les chiffres que l'on place au numérateur ou au dénominateur. En effet, 20 divisé par 10 donne 2 (200 % de plus) et 10 divisé par 20 donne 0,5 (50 % de moins). Elémentaire mais utile, la proportion dépend de la base choisie, et la croissance ou la décroissance peut alors paraître plus ou moins dramatique.

A peine plus compliquées, mais très souvent utilisées en épidémiologie pour mesurer la réduction de risque, sont les proportions de proportions, et notamment celles utilisées pour calculer un « risque relatif[51] ». Les mathématiques sont élémentaires, mais l'interprétation est, nous allons le voir, plus difficile.

Ainsi, dans une étude fameuse portant sur les bienfaits de l'aspirine, une cohorte de 22 000 sujets américains fut divisée en deux. Une moitié prit 325 mg d'aspirine par jour, l'autre rien. L'expérience fut très vite arrêtée car les bienfaits de l'aspirine apparurent comme étant évidents : le risque d'avoir un infarctus du myocarde diminuait de 72 % chez ceux qui prenaient de l'aspirine. Ce chiffre extraordinaire ne traduit cependant que la baisse d'un risque « relatif ». Il ne s'agit pas, comme nous allons le voir, de 72 % de 11 000 sujets. En effet, chez les 11 000 personnes qui prenaient de l'aspirine, 5 furent atteints au cours de l'étude d'un infarctus mortel, et dans le groupe de contrôle – ceux qui ne prenaient rien –, les 11 000 autres, 18 furent frappés du même infarctus, dans ce cas tout aussi mortel. On peut présenter ce résultat de plusieurs façons, elles sont plus ou moins anxiogènes. Jugez-en !

On peut tout d'abord affirmer qu'il y a eu, grâce à l'aspirine, une réduction de 360 % (18/5) du taux d'infarctus.

On peut aussi, et c'est ce qui est fait en général, calculer le risque relatif et comparer ainsi ceux qui prennent et

51. Il existe une autre manière de calculer le risque relatif, c'est le « rapport de cote », ou « *odds ratio* » en anglais. Il s'agit aussi de proportions de proportions d'avoir une maladie entre une population exposée à un facteur de risque et une population qui ne l'est pas.

ceux qui ne prennent pas l'aspirine. Pour ce faire, on mesure le risque du premier groupe (18/11 000) que l'on soustrait du risque du deuxième groupe – ici le groupe « aspirine » – (5/11 000), on obtient alors 13/11 000, puis on divise ce chiffre par le chiffre du premier groupe, celui où il n'y a pas eu d'intervention, soit 18/11 000, et l'on obtient, division élémentaire, 72 % (13/18).

Toutefois, ce même résultat serait encore moins spectaculaire si l'on se contentait d'observer la réduction du risque absolu entre ceux qui ne prennent pas et ceux qui prennent de l'aspirine, soit une probabilité de mourir qui diminue de 0,001182 % (18/11 000 – 5/11 000), pas des masses donc !

Une autre manière de dire la même chose consisterait à remarquer qu'il faut traiter 847 patients pour éviter dans le groupe traité une attaque cardiaque. Enfin, pour citer encore cette étude, certes le nombre d'infarctus baissait dans le groupe « aspirine », mais le nombre de morts des deux groupes était absolument identique (44), seules les causes de mortalité étaient différentes. Cela explique pourquoi il n'est pas recommandé de prendre 325 mg d'aspirine tous les matins[52].

Derrière ces remarques d'arithmétique élémentaire se cachent des enjeux financiers considérables. En effet, par exemple, un industriel du médicament pourra prétendre, sans mentir, que sa thérapeutique améliore de 72 % les traitements antérieurs, mais l'annonce serait moins spectaculaire s'il disait que les malades guéris, grâce à cette merveilleuse innovation, passaient de 1 % à 1,72 %. D'où mon insistance à répéter encore la nécessité de connaître les valeurs absolues.

---

52. *In* Robert M. Kaplan, *Disease, Diagnoses and Dollars*, Copernicus Books, New York, 2009.

Par ailleurs, dans la lignée des demi-vérités, n'oublions jamais que dans de très nombreuses études qui étudient l'impact d'un médicament ou d'un produit alimentaire sur un facteur de risque, comme le taux de cholestérol sanguin, même s'il est démontré qu'ils contribuent à diminuer ce taux, il ne s'ensuit pas nécessairement que ces heureux bénéficiaires soient automatiquement moins malades, nous venons de le voir dans l'étude sur l'aspirine. Le taux de cholestérol n'est qu'un « facteur de risque », un paramètre « associé à » une maladie, il en augmente la probabilité de survenue, mais il ne s'ensuit pas toujours que cela ait un effet sur la maladie cardiaque ou l'accident vasculaire. Il faut bien lire la publicité dans ce domaine, elle est à la fois honnête – parce que contrôlée – et trompeuse parce qu'elle laisse entendre que la baisse du taux de cholestérol sanguin, pour continuer avec cet exemple, a un impact sur telle ou telle maladie. C'est pourquoi, toutes les études cherchant à mesurer les effets des hypocholestérolémiants utilisent une présentation des risques relatifs, alors que la différence de mourir d'attaque cardiaque entre les patients traités et les autres ne diminue souvent que de moins de 1 %[53]. Ainsi, selon l'étude d'Helsinki, la chance des patients à haut risque cardiaque d'être en vie, entre ceux sous traitement et les autres, passe de 98,8 % à 98,9 % !

On ment non seulement par action, par omission, mais par statistique. Les marchands de peur, les médecins à la recherche de sensationnel et les industriels en quête de nouveaux marchés choisissent de parler de risque relatif, on comprend pourquoi. Mais le lecteur comprendra qu'une telle information ne dit rien, car elle est incomplète. Elle n'est interprétable que si on connaît le risque

53. Huttunen J.K., ı Ianninen V., Mantari M. *et al.*, « The Helsinki Heart Study : central findings an clinical implications », *Ann Med.*, April 1991, 23(2)155-159.

en valeur absolue : 72 %, peut-être, mais 72 % de quoi ? 72 % de 18 pour 11 000 a été la réponse dans le cas de l'étude sur l'aspirine.

Probabilités

Les choses se compliquent encore quand on passe des proportions aux probabilités. Ces deux notions sont souvent confondues, elles n'ont rien à voir, même si les probabilités sont présentées sous forme de pourcentage. Une probabilité indique simplement la chance qu'une distribution ne soit pas due au hasard. Quand on cherche à déterminer l'effet d'un comportement alimentaire et que l'on tente, par exemple, de comparer l'acuité visuelle des mangeurs de carotte à celle des non-mangeurs de carotte et que l'on trouve un effet statistiquement significatif chez les mangeurs de carotte, il ne s'ensuit pas que le fait de mieux voir se soit fortement accru chez ces carottivores, le lien peut être « significatif » tout en étant très faible. De surcroît, par essence, un lien peut-être « statistiquement significatif » tout en étant dû au hasard. En effet, par convention, le seuil souvent retenu pour déclarer qu'une association est « significative » est 5 %. Autrement dit, avec ce seuil, il n'y a que cinq chances pour cent qu'une association, par exemple celle entre A (les carottes) et B (l'acuité visuelle) soit due au hasard. *A contrario* donc, il y a 95 % de chances pour qu'il existe bien un lien statistique. Autrement dit, demeure une chance sur vingt de se tromper. Mais, pour pousser encore cet exemple didactique sorti de mon cerveau, si l'on s'intéresse toujours à l'acuité visuelle et qu'on recherche d'autres causes, par exemple, les heures de lecture, celles passées devant un ordinateur, le port de lunettes de soleil, l'ingestion de salade, de poisson, la conduite automobile, la navigation en mer, le fait d'avoir une grand-mère bretonne et je ne sais quoi encore, quand donc on accroît le nombre de « facteurs explicatifs », de « variables », pour les porter à quarante, et qu'il n'apparaît que deux associations (5 % de 40) statistiquement significatives, cela est vraisemblablement dû, avec ce seuil de probabilité, au… hasard. Quand donc, dans la presse, on annonce que l'on a trouvé que les antennes relais, les téléphones portables ou les OGM avaient tel ou tel effet sur les entrailles des souris femelles et que l'on ignore le nombre de paramètres mesurés, il faut soit chercher l'étude source, soit passer à autre chose. Un tel effet pourrait aussi se produire avec… du café, du chocolat ou du pain blanc. Une liaison statistique n'a de sens que s'il existe une théorie pour l'interpréter et si l'on tire de cette théorie quelques démonstrations empiriques de son bien-fondé.

Ainsi, un statisticien canadien réputé, Peter Austin, s'est amusé à analyser rétrospectivement, sur de très nombreux paramètres sanitaires, les dossiers médicaux des dix millions de résidents de l'Ontario. Le critère retenu a été… le signe du zodiaque. Ce n'est pas qu'il y croit plus que nous, mais ce critère, tout aussi calendaire qu'astronomiquement infondé, parle au grand public. Après avoir cherché des associations « statiquement significatives » entre ces signes et de multiples maladies ou accidents possibles, il a ainsi « trouvé » que les Sagittaire avaient une probabilité de 38 % supérieure à la moyenne des autres signes d'avoir un bras cassé, les Lion 15 % de plus d'être hospitalisés pour hémorragie gastrique, quant aux Poissons, ils avaient une plus grande chance, si j'ose dire, d'avoir un malaise cardiaque[54]. Bien entendu, tout cela est dû au hasard. Peter Austin a simplement voulu illustrer que si l'on analyse sur une grande

54. *The Economist*, « Why so much medical research is rotten ? », February 24, 2007.

population un grand nombre de variables, on finit toujours par en trouver qui soient « significatives ». Ce qui explique aussi que beaucoup d'inquiétudes, celles touchant l'Aspartam par exemple, se sont souvent plus tard trouvées sans fondement.

Un lien statistique, une « association », ne veut pas dire que l'un des facteurs est la cause de l'autre. Il faut pour cela, nous l'avons dit, une théorie, et que toutes choses soient égales par ailleurs, il faut « contrôler » les autres effets. Nos mangeurs de carottes peuvent être aussi des grands lecteurs, et ce n'est donc pas l'effet direct « carotte » que l'on va mesurer, mais l'effet indirect « lecture ». Ainsi, ce n'est pas parce qu'il y avait moins d'effet de serre en France du temps de la royauté qu'il faille la rétablir pour lutter contre le réchauffement climatique. Une corrélation n'a de sens que si elle confirme une hypothèse scientifique, vérité élémentaire trop longtemps oubliée.

En quelques mots donc, quand on parle de pourcentage ou de risque, demandez-vous toujours de quoi l'on vous parle, quels sont les modèles, et, s'il s'agit de normes, comment elles ont été construites. Dites-vous qu'une proportion n'a de sens que si l'on connaît d'une part l'ensemble auquel elle s'applique et d'autre part la valeur absolue du numérateur ou du dénominateur (l'un suffit, l'autre se déduit si l'on connaît leur proportion relative). Quant au fait qu'une relation soit « statiquement significative », cela ne veut pas dire qu'elle ait un sens, et même quand il existe une interprétation théorique, cela ne veut pas dire qu'elle soit importante et qu'il faille bouleverser sa vie en devenant par exemple, du jour au lendemain, végétarien sous prétexte d'une découverte qui expliquerait… peu de choses. Souvenez-vous de l'étude « aspirine » portant sur les maladies cardiaques.

4

Cancérigène

« Nous devons être
sarcastiquement préparés à toute surprise,
y compris la surprise de la mort. »

Ivan ILLITCH.

Cancérigène ! Qualificatif effrayant s'il en est, plus encore, peut-être, qu'« inflammable », « dangereux » ou « explosif ». Effectivement, les cancers sont redoutables, et il n'est pas nécessaire de rajouter à ce que la nature ou le destin distribuent déjà trop généreusement en frappant des hommes et des femmes en pleine force de l'âge. Si leur nombre s'est accru depuis trente ans, cette croissance n'est heureusement pas due à une mystérieuse épidémie, et, si on élimine les variations dues à la consommation de tabac, elle provient, pour l'essentiel, de l'allongement de la durée de vie et de l'amélioration du dépistage. Par ailleurs, autre bonne nouvelle, en France comme dans les autres pays développés, la mortalité par cancer diminue sensiblement depuis une vingtaine d'années. Cela est dû à une meilleure hygiène de vie (baisse de la consommation de tabac et d'alcool) et à un progrès sensible des thérapies, notamment pour les cancers liquides et les cancers féminins. Mais la mortalité par cancer demeure la première cause de décès pour l'ensemble de la population[55].

Aussi est-il parfaitement légitime de limiter l'usage des substances, et autres ondes, connues pour induire des cancers, même si l'Académie de médecine et le centre international de recherche sur le cancer affirment dans leur rapport de 2007[56] que « le nombre de cancers liés à la pollution de l'eau, de l'air et de l'alimentation est faible en France. De l'ordre de 0,5 %, il pourrait atteindre 0,85 % si les effets de la pollution de l'air atmosphérique étaient confirmés ». En effet, d'autres voix prétendent, sans en apporter un début de preuve empirique et sans expliquer quel pourrait être l'intérêt des spécialistes de sous-estimer ces causes environnementales, que ce taux est très supérieur. Aussi, en bon thuriféraire du principe de précaution, Gérard Lasfargues, directeur des travaux d'expertise santé environnement de l'Afsset, déclare « [qu']il ne faut pas attendre d'avoir des certitudes pour agir[57] ».

A ce stade, par exemple, pour nous limiter aux certitudes, on sait, depuis la découverte des rayons X, qu'une exposition prolongée à ce type de rayonnement peut induire des tumeurs cancéreuses ; mais cela est aussi le cas du plus courant, du plus naturel des rayonnements : le rayonnement du soleil. Ce n'est donc pas le

55. Première cause chez les hommes, c'est la deuxième cause chez les femmes, qui vivent plus longtemps et meurent d'abord de pathologies cardiaques.

56. Gérard Lasfargues, « Cancer et environnement », Afsset, 2 juillet 2009.

57. *In* Paul Benkimoun, « Améliorer l'environnement pour lutter contre le cancer », *Le Monde*, 3 juillet 2009.

fait que l'homme ait maîtrisé l'émission d'un rayonnement ionisant[58], au demeurant très naturel, qui fasse qu'il soit cancérigène. C'est l'énergie qu'il contient qui modifie la structure du matériau génétique des cellules et peut, non pas la tuer, mais contribuer à la transformer en cellule cancéreuse. D'autres substances naturelles, comme l'amiante[59], la poussière de bois[60], sont également, à certaines doses, cancérigènes. Il en est aussi des produits de synthèse comme le benzène. Ainsi, les agences européennes et françaises classent-elles les produits en différentes catégories afin, quand cela est possible, d'en limiter l'usage et d'en avertir celui qui serait contraint de s'en servir.

La première regroupe les « agents » (substances, aliments, rayonnements, virus...) pour lesquels la preuve expérimentale de leur pouvoir cancérigène chez l'homme a été apportée. Puis viennent les agents « probablement » cancérigènes, « agents » ou « mélanges » pour lesquels existe une preuve de leur cancérogénicité chez l'animal mais pas sur l'homme, suivis des agents qui sont « peut-être » cancérigènes, autrement dit ceux dont les preuves tant humaines qu'animales sont ténues. Mais ce n'est pas tout ! Viennent ensuite les produits qui « ne peuvent pas être classés quant à leur cancérogénicité sur l'homme », et enfin la dernière catégorie est celle « des agents qui ne sont probablement pas cancérigènes pour l'homme ». Cette classification semble rendre grâce à l'aphorisme que Jules Romains place dans la

58. Un rayonnement est dit « ionisant » quand il produit des modifications de la charge électrique de la matière. Les rayons X sont des faisceaux d'électrons qui peuvent avoir un fort pouvoir de pénétration dans la matière.

59. Minéral à structure fibreuse qui est un excellent isolant.

60. Quatre-vingts cas d'adénocarcinome par an dus aux poussières de bois en France.

bouche du Dr Knock : « Tout homme bien portant est un malade qui s'ignore » et donc, aussi… tout agent est cancérigène même si sa cancérogénicité n'est pas encore démontrée. Certes !

Remarquons tout d'abord que l'on n'utilise pas pour ces agents cancérigènes le terme de poison. On le réserve à des agents physiques, biologiques ou chimiques qui agissent à des doses, sinon faibles du moins peu visibles, et qui ont un effet pathogène ou létal systématique et immédiat. Les agents cancérigènes agissent eux de manière lente, progressive, et leur effet, même pour les produits clairement cancérigènes, va dépendre de la dose accumulée sur une longue période ; c'est ce que l'on appelle « l'exposition ». Mais une même exposition peut avoir des effets différents chez deux individus, aussi l'apparition d'un cancer va dépendre de la « sensibilité » de la personne, elle-même fonction de son héritage génétique et de son état de santé physique et mental. Il s'agit donc d'une relation probabiliste : si un « bon » poison tue à tous les coups, les produits ou substances dont nous allons parler augmentent le risque d'être atteint d'une pathologie cancéreuse, autrement dit, il existe d'autres causes qui doivent s'associer à ces facteurs de risque pour déclencher un cancer. Il en est ainsi par exemple du tabac à l'effet cancérigène amplement démontré, mais tous les grands fumeurs ne meurent pas de cancer de la bouche, du larynx, des bronches ou du poumon. Chacun connaît dans son entourage – ou dans les livres d'histoire (Winston Churchill) – de grands fumeurs qui sont morts, certes, mais d'autres causes à plus de quatre-vingts ans. Comme toujours, une relation probabiliste dissimule l'ignorance des mécanismes d'interactions entre l'exposition au risque, la « sensibilité » de la personne et la survenue de la maladie.

L'analyse qui va suivre ne se limitera pas aux agents qui favorisent l'apparition de cancers, mais se penchera aussi sur les agents et conditions dont on pense qu'ils limitent l'apparition de ces maladies. Il y aurait donc des agents cancérigènes et d'autres « agents », comportements ou modes de vie, qui protégeraient les humains de cette terrible maladie. Qui n'a pas entendu parler des bienfaits des antioxydants ou de ceux des oméga-3, des framboises, des poissons gras (saumon, hareng, maquereau...) et autres produits, substances, exercices, thérapies, comportements qui limitent, ou limiteraient la cancérogénèse ? Grande peur et grand fléau des XXe et XXIe siècles, le cancer est aussi, ne l'oublions jamais, un grand marché.

Pour qu'un produit soit classé comme « cancérigène », une étude ne suffit pas. Il faut un niveau de preuve élevé ; seule une évaluation de l'ensemble des résultats disponibles, par des experts respectant une méthodologie rigoureuse, permet de faire le point des connaissances et de préciser la confiance que l'on peut avoir sur la relation entre un agent donné et tel ou tel type de cancer. Des débats scientifiques aussi rigoureux que publics et contradictoires permettent également, le cas échéant, d'élaborer des recommandations pour éviter ou réduire la survenue de ces maladies. Il en est ainsi, notamment, de l'Agence internationale de recherche contre le cancer, du Fonds mondial de recherche sur le cancer, de l'Institut américain de recherche sur le cancer[61] ou de l'Institut national du cancer français (INCa).

61. Le lecteur intéressé pourra notamment se reporter au deuxième rapport conjoint du Fonds mondial de recherche sur le cancer et de l'Institut américain de recherche sur le cancer : www.wcrf.org (2007).

Mais pour qu'un produit soit classé cancérigène, il faut non seulement de très nombreuses études épidémiologiques, mais aussi une plausibilité convaincante des mécanismes biologiques à l'œuvre dans la cancérogénèse. Une association statistique ne suffit pas.

En matière d'alimentation, la liste des produits pour lesquels la relation est convaincante est limitée . boissons alcoolisées (l'ensemble du tube digestif et le sein), viande rouge (colon-rectum), charcuterie (colon-rectum), aflatoxine (foie), arsenic dans l'eau potable (poumon) et supplément en bêta-carotène (poumon). Le surpoids, l'obésité, l'excès d'adiposité abdominale sont aussi des facteurs « convaincants » pour la survenue de certains cancers, comme l'est une alimentation à partir de produits très caloriques. En revanche, l'activité physique protège du cancer du colon-rectum, l'allaitement de l'enfant limite l'apparition des cancers du sein chez la femme et une alimentation à partir de produits peu énergétiques (fruits, légumes, céréales...) est bénéfique.

Mais les choses commencent à se compliquer quand on observe que le bêta-carotène a aussi un effet positif « probable » sur le cancer de l'œsophage alors qu'il a, nous venons de le voir, un effet négatif « convaincant » sur le cancer du poumon. Il en est également ainsi du surpoids et de l'obésité qui semblent de manière « probable » limiter l'apparition du cancer du sein chez les femmes avant la ménopause. Elles devraient donc être bien en chair avant la ménopause, mais d'autres études leur intiment l'ordre d'être minces après ! Pas facile !

Dans la même veine, Petr Skrabanek et James McCormick remarquaient qu'« il est sage, pour éviter le cancer du sein, d'être enceinte avant d'avoir vingt ans et pour éviter le cancer de l'utérus de demeurer vierge. Ce qui n'évite pas cependant les problèmes ultérieurs : les femmes qui n'ont pas eu d'enfants ont un risque accru de cancer du côlon et du col de l'utérus[62] ».

Si, en outre, on se rappelle que le cancer n'est pas le seul fléau qui altère la santé des hommes et que, par exemple, les maladies cardiaques frappent dix fois plus les femmes que le cancer du sein, on pourra alors attirer l'attention du lecteur sur les bienfaits « convaincants » d'une consommation modérée, très modérée, de boissons alcooliques qui semblent avoir un effet positif sur la prévention des maladies cardiaques. Certes, comme l'a annoncé à fort relais de presse l'INCa, dès le premier verre de vin la probabilité d'avoir un cancer de la bouche augmente, mais ce cancer est rare, et ce même verre, s'il n'est pas suivi de nombreux autres, protège les artères. Que choisir ?

Au-delà des conseils farfelus et des allégations encore scientifiquement fragiles, il est indéniable que le type d'alimentation a un effet sur la survenue des cancers. Cela a été documenté il y aura bientôt un demi-siècle quand il a été remarqué que les Japonais qui avaient émigré aux Etats-Unis et adopté le mode de vie américain étaient atteints, dans les mêmes proportions, des mêmes maladies que les Américains d'origine européenne, ce qui n'était pas du tout le cas des Japonais restés au pays. Cette analyse est depuis tristement confortée par l'évolution récente des habitudes alimentaires au Japon : elles s'américanisent et transforment la prévalence des maladies des habitants de l'empire du Soleil Levant.

On peut affirmer de manière convaincue, sinon convaincante, sans être obsédé par le nombre de fruits et légumes qu'il faudrait ingérer par jour, que c'est la densité

62. Petr Skrabaneck et James McCormick, *Idées folles, idées fausses en médecine*, Odile Jacob, Paris, 1992.

énergétique moyenne de l'alimentation qui compte. Plus elle est faible, meilleur est l'état de santé. Ainsi, une personne qui ne se nourrit que de *fast-food* ingère en moyenne, pour le même poids d'aliments, deux fois plus d'énergie qu'un Français qui se nourrit de manière traditionnelle. Il est recommandé, en France, de ne pas changer d'habitude, autrement dit d'avoir une nourriture variée servie de manière régulière et si possible conviviale. Soulignons aussi qu'il n'est pas dangereux de s'alimenter de temps en temps dans un fast-food, en revanche il n'est pas souhaitable de se nourrir exclusivement de ce type de produit. Une fois encore, ce qui compte, c'est l'effet cumulatif associé aux conditions de vie.

Par ailleurs, la viande rouge, déclarée cancérigène « convaincant », demeure nécessaire pour éviter une carence en fer et est sans danger quand on en mange moins de 500 g par semaine, ce qui est déjà beaucoup. La charcuterie n'est pas non plus un poison, mais il est recommandé de ne pas en consommer, en moyenne, plus de 50 g par jour, et encore, il ne s'agit ici que des produits gras de la charcuterie et pas des jambons et de la viande de porc, plus maigre (moins grasse) que la viande de bœuf. On voit donc qu'il n'est pas honnête de dire que la viande rouge est cancérigène, sans ajouter immédiatement « à certaines doses de consommation hebdomadaire ». Que les carnivores dorment tranquilles, les végétariens ne sont pas mieux lotis !

Imaginez que vous soyez invités chez des amis soucieux de leur ligne, fidèles aux recommandations des plus exigeants des nutritionnistes, et que le repas soit tout « bio ».

Menu biologique[63]

Soupe au tofu et aux champignons

Salades variées
(salade verte, carottes, tomates cerise et céleri, le tout saupoudré de noix broyées)

Plat (au choix)
Dinde farcie (farce au pain avec oignon, radis noir, poivre noir)
Côte de bœuf avec une sauce au persil (accompagnement : brocoli et patates douces)

Dessert (au choix)
Tarte aux pommes
Tarte à la citrouille
Plateau de fruits

Vin rouge et blanc, café, thé et thé au jasmin

Or, tous ces aliments, y compris les végétaux – aussi « naturels » que « bio » –, contiennent soit des hormones (le tofu, comme tout dérivé du soja, contient des œstrogènes), soit des produits mutagènes[64] ou cancérigènes chez les rongeurs, tous.

Pour n'en citer que quelques-uns, il y de l'acétaldéhyde dans les pommes, du benzène dans le café, des furanes et leurs dérivés dans le pain, les oignons, le céleri, les champignons de Paris et les patates douces, du furfural à nouveau dans le pain et… ainsi de suite. Quant

63. Elizabeth Whelan, présidente de l'*American Council on Science and Health*, menu préparé par l'équipe avec l'assistance des Drs Ruth Kava et Leonard Flynn, nutritionnistes.

64. Un produit est dit « mutagène » quand on peut montrer qu'il endommage l'ADN des bactéries sur lequel il est testé.

aux pommes de terre, elles contiennent deux neurotoxines que l'on peut détecter dans le sang de tous ses consommateurs ; or il a été démontré qu'un taux élevé de ces neurotoxines provoquait des malformations congénitales chez les rongeurs.

Ainsi, de très nombreux aliments seraient refusés par les instances réglementaires s'ils étaient des produits synthétiques et avaient besoin d'une autorisation pour être mis sur le marché. Mais, par charité pour les anxieux, ajoutons que toutefois ceci n'a rien d'inquiétant. Ces substances n'existent qu'à l'état de traces. Pour qu'un humain ingère la dose de furfural analogue à la dose cancérigène chez les rongeurs, il faudrait qu'il avalât 82 600 tartines[65]... par jour – il n'y a en effet que 0,167 millième de gramme par tartine. Je ne sais pas à partir de quelle dose on meurt de tartines, mais certainement bien avant de risquer de voir apparaître un cancer induit par le furfural.

Que notre physique soit beau ou délabré, nous sommes, de la tête aux pieds, composés de substances chimiques. De même, les aliments, comme tout produit « naturel », ne sont que chimiques. Chaque aliment est un agrégat d'un grand nombre de nutriments (de substances chimiques individualisables), et quelques-uns, à certaines doses, peuvent être toxiques. Or l'effet cancérigène des produits « naturels » a encore été peu testé, mais la moitié de ceux qui ont été étudiés sont cancérigènes (37 sur 71). « Qui sait aussi que, dans une tasse de café, la quantité de composés naturels cancérigènes pour les rongeurs est à peu près égale en poids à la dose de résidus de pesticides synthétiques absorbée par un individu en un an ? Et cela, alors même qu'à peine 3 % des substances naturelles pré-

65. Elizabeth Whelan, commentaire du menu précédent préparé par l'American Council on Science and Health.

sentes dans le café ont fait l'objet de tests adéquats de cancérogénicité. Attention, cela ne signifie pas que le café ou les pesticides naturels sont dangereux ! Il s'agit plutôt d'interroger la pertinence d'une extrapolation des effets observés chez des animaux soumis à de fortes doses pour estimer les effets des faibles doses sur les hommes[66]. »

On devine alors le contresens majeur des réglementations américaines (Amendement Delaney) ou européennes qui estiment que s'il y a de « mauvais » produits dans la nature c'est que les hommes les ont ajoutés. Or, les deux chercheurs américains que nous venons de citer[67] ont aussi montré que l'exposition des hommes aux produits cancérigènes chez les rongeurs provenait bien davantage de l'ingestion d'aliments aussi « naturels » que « bio ». Ils dépassaient de loin en quantité les dangers éventuels des résidus de pesticides, de désherbants ou d'additifs alimentaires. Le rapport est de 1 à 10 000 !

Rien d'étonnant – même si pour beaucoup ces informations seront détonantes –, la sélection naturelle a vraisemblablement privilégié les plantes qui, justement, fabriquaient des pesticides, pour leur bienfait, et le nôtre. En effet, soulignons-le, même si c'est évident, si cela n'avait pas été le cas, ces « pestes » se seraient avant nous régalées de ces fruits et légumes. Bienheureux pesticides ! Jusqu'à une certaine limite car, à force de condamner les produits synthétiques, les semenciers sélectionnent des variétés de plantes résistantes et la dose des substances « naturelles » qui rendent ces plantes résistantes pourrait devenir toxique.

66. Bruce N. Ames & Lois Swirsky Gold, « Pollution, cancer et alimentation : neuf idées reçues passées au crible de la science », *La Recherche*, 1999.

67. *Ibid.*

Ce détour par l'alimentation permet de comprendre les dangers du projet REACH qui cherche à éliminer de l'industrie chimique toutes les substances synthétiques cancérigènes, mutagènes et reprotoxiques sans chercher, ce qui suffirait du point de vue de la cancérogénèse, à en réduire la dose d'exposition à un niveau non toxique. On ne sait pas si ce projet limitera dans cinquante ans la mortalité par cancer de quelques Européens, mais, en attendant, il nuit à la compétitivité des entreprises. Ainsi pour EADS, sont coût direct a été de quatre-vingts millions d'euros en 2009. Boeing, son principal concurrent, n'a pas de telles contraintes et personne, semble-t-il, ne débarque de ces avions au prétexte qu'ils seraient dangereux pour la santé : on imagine alors que le principe d'élimination systématique de tout agent cancérigène conduirait les technocrates sécuritaires à, s'ils le pouvaient, éliminer le soleil, lui indéniablement cancérigène : environ quatre mille décès par an. Frustrés de cette incapacité, ils nous forceront peut-être un jour à vivre à l'ombre avec, pour quelques privilégiés, un permis de soleil, permis à rayons, bien entendu.

En attendant, le dernier produit sous le feu des projecteurs est le Bisphénol A. Ce produit découvert dans les années 1920 en Allemagne est très couramment utilisé dans la fabrication des résines et des plastiques, on le trouve dans les biberons et les casques de moto. Dans l'industrie, il entre notamment dans la fabrication de nombreuses colles et de revêtements en plastique. Il représente un marché de six milliards de dollars. Aujourd'hui, 92,6 % des Américains de plus de six ans ont dans leur sang des traces détectables de ce produit. Sa structure chimique est très proche de celle de l'œstrogène, et il peut être absorbé par la peau. Des études récentes ont montré qu'à faible dose, chez les rongeurs, il pouvait induire des cancers de la prostate et du sein et que, de surcroît, il avait des impacts sur le cerveau et avançait leur puberté. Par ailleurs, il a été trouvé chez les jeunes filles de Porto Rico une association entre un taux élevé de Bisphénol A et la précocité de la puberté[68]. En outre, les hommes ayant un taux élevé de Bisphénol A dans les urines auraient plus de risques d'avoir un sperme de mauvaise qualité[69]. Ces faits sont inquiétants et semblent justifier le mouvement destiné à bannir l'usage de ce produit. Toutefois, d'autres études contredisent les conclusions des premières.

« Earl Gray, chercheur réputé de l'agence de protection de l'environnement des Etats-Unis, n'a pas trouvé de lien entre le taux de Bisphénol A et l'âge de la puberté chez les rats. Si bien que Richard Sharpe, professeur à l'université d'Edimbourg, un des pionniers de la recherche du lien entre les produits synthétiques dispersés dans la nature et le système endocrinien, écrit dans *Toxicological Sciences* : "Les travaux répétitifs de recherche fondamentale sur le Bisphénol A ont absorbé des dizaines, probablement des centaines de millions de dollars des agences gouvernementales et de l'industrie, ce qui, à une époque où le financement de la recherche est bien mince, ressemble de plus en plus à un investissement avec un résultat nul[70]". » Les corrélations ne sont pas des causes, même quand les méthodes statistiques sont évoluées, et surtout, du point de vue de la santé publique, ces effets s'ils existent, sont minimes quand on les compare au danger du tabac, de l'alcool ou de l'obésité. Enfin, si ces études ont conduit certains pays à considérer que le

68. Jerome Groopman, « The plastic panic », *The New Yorker*, May 31st, 2010.

69. De-Kum Li *et al.*, « Urine Bisphenol A (BPA) level in relation to semen quality », *Fertility and Sterility*, online, 29 octobre 2010.

70. *Ibid.*

Bisphénol A est une substance dangereuse, ce n'est pas le cas, par exemple, des Etats-Unis.

Il va de soi, cela est tellement évident, que s'il existe un parfait substitut à un produit cancérigène à certaines doses, on doit interdire ce dernier. Mais il existe rarement de parfaits substituts à quoi que ce soit. Un produit qui se vend est par essence un produit auquel quelqu'un trouve une certaine utilité. Bien entendu, son usage ne doit pas se faire au détriment de la santé des personnes qui le manipulent et de celle des consommateurs ! Cette dernière devrait être renforcée, et pour cela, il faut mettre au point des méthodes plus modernes, moins coûteuses en expérimentations animales[71]. La bio-informatique devrait permettre d'avancer dans ce domaine. On se doit d'avoir des réglementations draconiennes, mais encore, encore et encore, ce n'est pas un produit qui est dangereux, c'est l'usage que l'on en fait.

Tout est dangereux, l'eau, le feu, les carottes râpées, la viande de phoque, les escaliers, le vélo et la marche à pied. Jusqu'où l'Etat trouvera-t-il légitime de réglementer ? Jusqu'à quand la peur, l'obscurantisme et le mépris s'allieront-ils pour recommander la consommation des barquettes de framboises à 6 euros les 125 grammes, alors que le revenu médian des Français est de 1 400 euros par mois ? Si la consommation de poissons comme de fruits et légumes diminue chez les plus pauvres, c'est parce que ces produits sont onéreux, et ce prix va encore augmenter si l'on bannit l'usage de certains pesticides. Avant de chercher à vivre plus longtemps, certains hommes s'efforcent d'abord de vivre, et toute désinvolture est lourde de conséquence sociale. « Allô, maman, bobo ! » Il est vrai

71. Le projet européen REACH va coûter la vie à plusieurs millions d'animaux.

qu'eux, les bobos, ont la possibilité d'avoir les moyens de leurs peurs.

Quant à l'exercice physique recommandé par tous les experts, de manière scientifiquement documentée, il améliore le fonctionnement cardiaque, développe les facultés mentales, réduit la prévalence de certains cancers mais, autre triste nouvelle de cet ouvrage, il ne fait pas maigrir ! Ainsi, alors qu'aux Etats-Unis 15 % de la population appartient à un club d'exercice physique, clubs dits « de santé », que, toujours dans le même pays, le nombre de personnes faisant de l'exercice physique régulier est passé de 47 % de la population en 1980 à 57 % en 2000, l'obésité n'a cessé de croître. Un tiers des Américains est obèse et un autre tiers est en surpoids. Pourquoi donc l'exercice, en général, ne fait pas perdre de poids ? Tout simplement, on aurait dû y penser, parce qu'il donne faim et que les calories consommées après l'effort compensent largement celles éliminées pendant ! Ainsi, pour éliminer les 360 calories d'un muffin à la myrtille, un homme de 30 ans et de 70 kg devra soit faire des poids et haltères pendant presque deux heures (115 minutes), tondre sa pelouse pendant plus d'une heure (66 minutes)[72] ou faire du jogging pendant plus d'une demi-heure (33 minutes). Dès que les humains consomment plus de calories qu'ils n'en ont besoin, ils les stockent dans des cellules adipeuses, or Mark Muraven et Roy Baumeister[73] ont montré que la volonté s'use quand l'on s'en sert, et donc que si l'on fait l'effort de courir pendant une heure, on aura tendance

72. John Cloud, « Why exercise won't make you thin », *Time*, August 17, 2009.

73. Mark Muraven, Roy Baumeister, « Self-regulation and depletion of limited ressources : Does self-control resemble a muscle ? » *Psychological Bulletin*, 126, 247-259, 2000.

après à commander un steak-frites plutôt qu'une salade. Toujours selon une étude américaine, quand les enfants font de l'exercice physique, ils mangent après cet exercice 100 calories de plus que celles qu'ils viennent de brûler !

Toutes ces études ne sont pas simplement aussi fondées qu'iconoclastes, elles soulignent que pour demeurer en bonne santé, ce n'est pas tant l'exercice violent qui compte, ce qui compte c'est bouger : bouger pour aller à l'école, bouger pour prendre les transports en commun, bouger pour faire le ménage, les courses ou la cuisine. Autrement dit, il ne sert à rien d'être collé à son siège devant un ordinateur, puis se précipiter pour faire une demi-heure d'exercice violent avant de rentrer chez soi et d'être avachi devant la télé. Outre un exercice physique modéré, ce qui compte pour lutter contre l'obésité c'est l'alimentation, en effet – qui l'eût cru ? –, les obèses font plus d'exercice que ceux qui sont minces !

Mais revenons au cancer, bien entendu, nous l'avons dit, il existe des produits et des éléments cancérigènes : le tabac, l'alcool, l'amiante, les rayons du soleil, les rayons X, de nombreuses substances chimiques à certaines doses... Certes, il est bien connu depuis des travaux britanniques et canadiens que les conditions de vie d'une personne ont un fort impact sur sa santé : le taux de maladies cardiaques varie en effet fortement selon les classes sociales, mais aussi les cancers. L'alimentation vient immédiatement à l'esprit quand on parle de « condition » ou de « mode » de vie, mais les conditions de travail et le statut social sont aussi de forts « déterminants » de la santé. Le déterminisme génétique n'est donc pas aussi déterminant que cela. On commence en effet à entrevoir, par la découverte des mécanismes « épigénétiques », comment l'expression des gènes peut varier sous la présence de substances chimiques, « naturelles » ou non, et l'on pense même que ces modifications, néanmoins réversibles, pourraient passer d'une génération à l'autre. On savait déjà que de vrais jumeaux élevés dans des environnements différents avaient des facteurs de risque et des maladies chroniques qui n'étaient pas les mêmes. Cela s'explique vraisemblablement par ces mécanismes que l'on commence à décrire. Fascinant, même si il y a bien longtemps que les hommes ont remarqué qu'ils sont aussi le produit de leur milieu, de leur « environnement » au sens le plus large du terme !

Est-ce une raison pour paniquer les foules ? Non, bien entendu, même si certains s'y emploient et semblent trouver là la justification scientifique de leur aversion précautionneuse pour les substances « chimiques » ou les antennes relais[74]. En effet, non seulement ces travaux sont encore très préliminaires, mais on ne sait pas comment et pourquoi ces mécanismes se déclenchent. Le corps ne trouverait-il pas en lui-même, sous certaines conditions, ces substances déclencheuses ? Est-ce que les produits « naturels », ceux de notre menu « bio » par exemple, ne feraient pas l'affaire ? N'y a-t-il pas des prédispositions génétiques de certains humains ? Personne encore ne peut répondre de manière rigoureuse à ces questions.

Sauf à se laisser mourir dans un coin, il est impossible d'avoir peur de tout ; or ces découvertes mal transmises et encore moins bien comprises prennent le chemin d'Internet et nourrissent l'obscurantisme contemporain. Le public ne retient en effet que la partie émotionnelle du message, ce qui est « bon » ou « mauvais », mais ignore tout des modalités d'action qui expliquent les circonstances à redouter. Ainsi, même dans un milieu très éduqué, peu de Français savent, par exemple, que l'amiante est un

74. André Cicolella, « Santé et environnement : la 2e révolution de santé publique », *Santé publique*, mai-juin 2010.

poison physique et non pas chimique. Ce qui est dangereux c'est l'inhalation longue et répétée de fibres, la substance étant par ailleurs inerte. En revanche donc, il n'y a aucun danger d'en mettre dans un verre d'eau pas plus qu'il y en a de s'asseoir sur un galet d'amiante car il ne diffère en rien d'un autre silicate d'aluminium cristallisé, d'un autre rocher.

On comprend très mal, nous l'avons vu, les liens entre l'alimentation et la santé. Les recommandations généralisables en la matière sont aussi grossières que succinctes et, sauf à dire qu'il faut manger, pas trop, et ingérer des fruits et légumes, il n'existe pas de règles qui s'appliquent à tous. On commence même à être conscient que les régimes produisent l'obésité et que les conseils, même quand ils font de grandes ventes et la une des journaux, vont du fragile au farfelu, en passant par le scandaleux. Or, l'alimentation n'est qu'un élément du mode de vie, *quid* des autres ? Comment interagissent-ils ? Sur quelle durée ? A quel âge ? Il n'existe pas le début d'un commencement de réponses à ces questions.

En attendant, malgré tout, l'espérance de vie augmente ; toutefois, comme tous les humains demeurent mortels, les raisons de s'inquiéter demeurent et fondent le marché de la peur, marché passé, présent et futur, grand et beau marché.

5

Ecologique

« Nous n'écoutons d'instincts que ceux qui sont les nôtres,
Et ne voyons le mal que quand il est venu. »

Jean de LA FONTAINE,
L'Hirondelle et les petits oiseaux.

Au cours des temps géologiques, il y a eu plus d'une vingtaine de périodes au cours desquelles se sont produites des disparitions brutales d'un nombre considérable d'espèces animales. Cinq époques se distinguent par l'importance de l'hécatombe, la plus connue est celle qui marque, à la fin du Crétacé, il y a 65 millions d'années, l'extinction de près des trois quarts des espèces vivant sur Terre, dont les dinosaures. Toutefois, du point de vue des hommes, cette catastrophe est heureuse car, si elle ne s'était pas produite, il est peu probable que les mammifères aient eu une même destinée et que les hommes soient un jour apparus.

Nous sommes dans la sixième de ces périodes et la traversons, le plus souvent, avec inconscience. Certains biologistes estiment en effet qu'à la fin de ce XXIe siècle la moitié des espèces vivant aujourd'hui sur Terre auront disparu. Cette fois ce n'est pas l'explosion d'un volcan ou la percussion d'une météorite qui viennent perturber l'atmosphère, refroidir la planète et modifier les écosystèmes terrestres, mais l'homme qui est cause de ces profondes transformations.

L'homme, l'homme moderne, l'inventeur des pesticides, de l'agriculture moderne, de la déforestation et de l'élevage intensif, pense-t-on. Quelle immodestie ! Nos ancêtres, depuis qu'ils portent le label de « sapiens » (Homo), s'y sont pourtant mis il y a plusieurs dizaines de milliers d'années et, si j'ose dire, n'y sont pas allés de main morte. Ils ont éradiqué des espèces entières bien avant la révolution industrielle. Ainsi la grotte Chauvet, qui date de trente-deux mille ans, illustre l'intérêt, sinon la crainte, des résidants de l'époque pour le rhinocéros. En revanche à Lascaux, il y a quinze mille ans, plus de rhinocéros mais des bisons, des taureaux et des chevaux. Le rhinocéros a disparu. C'est l'homme encore qui, il y a dix mille ans, a massacré les mammouths d'Amérique du Nord et de Sibérie, les moas de Nouvelle-Zélande[75] il y a huit siècles et les dodos de l'île Maurice entre la fin du XVIe, date du premier débarquement sur l'île, et celle du XVIIe siècle. Les marins, sur la route des Indes, recherchaient de la viande fraîche et des œufs, l'animal était incapable de voler, pesait une vingtaine de kilos et n'avait pas de prédateur. Il s'est endormi il y a trois siècles, mais peut-être pas définitivement car le génie génétique pourrait, peut-être, le faire renaître. C'est parce qu'ils n'avaient plus d'importantes réserves protéiques sur pied que nos ancêtres se sont mis à chasser le petit gibier et, plus tard, sous la pression démographique, sont devenus agriculteurs.

Un parallèle peut être établi entre cette longue histoire de plusieurs centaines de siècles des chasseurs-cueilleurs et la dernière activité humaine de prise d'animaux sauvages : la pêche en mer. L'hécatombe continue. Surpêche du cabillaud à Saint-Pierre-et-Miquelon ou destruction du thon rouge en

75. Un oiseau pouvant atteindre trois mètres de haut dont la disparition correspond à l'arrivée de Maoris en Nouvelle-Zélande il y a huit cents ans.

Méditerranée, les exemples abondent. De surcroît, et ce paradoxe est rarement souligné, si la pisciculture se développe moins vite qu'elle ne le devrait et contribue au massacre des fonds marins, c'est que, en application du principe de précaution, on ne nourrit le poisson d'élevage qu'avec de la farine de poisson. Les bateaux de la pêche industrielle ramassent tout ce qui vit, y compris les petits poissons qui se transforment en farine pour nourrir les poissons d'élevage. Des végétaux pourtant, pour l'essentiel, feraient l'affaire. L'INRA a testé avec succès des substituts moins onéreux, aux compositions nutritionnelles identiques, mais, depuis l'affaire dite de la « vache folle », aucun risque n'est pris pour franchir la barrière des espèces[76]. Les fonds marins se vident, et d'un point de vue nutritionnel et écologique cette décision est regrettable car les poissons sont les meilleurs fabricants de protéines[77].

C'est la croissance démographique, due notamment aux progrès de la médecine, qui conduit à la réduction de la savane herbeuse, celle où vivent les grands mammifères. De même, chaque jour la forêt équatoriale brûle pour donner place à des cultures. On estime ainsi que 6 millions d'hectares partent chaque année en fumée[78], soit 20 % de la surface cultivable de la France et plus de 15 % du rejet annuel de gaz à effet de serre de la planète. Les écosystèmes fragiles du Sahel sont détruits par la pauvreté qui ne laisse à certains êtres humains d'autres choix que de braconner, de cultiver sur brûlis ou de faire paître chèvres ou bœufs là où, il y a peu, transhumaient les hordes sauvages, accompagnées de leurs prédateurs. Les abeilles meurent, les chauves-souris disparaissent et des hécatombes de grenouilles sont signalées dans le

76. Les omnivores la franchissent tous les jours.

77. S'il faut de deux à trois kilos d'aliments pour faire un kilo de poisson, il en faut quatre pour un kilo de porc et sept pour un kilo de bovin.

78. New Energy Finance, Calculations by mongabay.com – U.N. Food and Agricultural Organization data –, in *Time*, November 30, 2009, p. 43.

monde entier. Toutefois, ce n'est pas la première crise écologique que traverse l'espèce humaine. Jusqu'à présent, à plusieurs reprises, en innovant, elle a réussi à y faire face.

L'homme en est la cause. Toutefois, contrairement aux affirmations simplistes de nombreux écologistes, aussi politiques qu'amateurs, ce n'est pas l'industrie chimique, avec ses insecticides et ses pesticides, qui est le plus souvent à l'origine de ces disparitions, mais la rencontre soudaine d'espèces, soit de la même famille, soit du même biotope. L'une chasse l'autre en l'attaquant, en la privant de sa source de subsistance ou en la contaminant.

L'homme d'ailleurs, dans cette affaire, ne s'est pas épargné. Il en a été des hommes comme des animaux. Dès le début de la conquête de l'Amérique, les Européens ont décimé par la maladie, parfois sciemment, les Indiens d'Amérique avant de les exterminer par les armes. Les conquérants jouissaient d'une immunité contre le typhus, la rougeole, la variole et la grippe, pas les populations autochtones. En retour, si j'ose dire, mais cette fois sans volonté consciente de nuire, les conquistadors importèrent la syphilis qui décima l'Europe de la fin du XVe jusqu'au milieu du XXe siècle, quand fut découverte la pénicilline. Mais revenons aux espèces animales.

La grenouille et la femme enceinte [79]

Depuis une vingtaine d'années, en Amérique du Nord comme dans toute l'Amérique équatoriale, au Panama, au Costa Rica, en Equateur, des familles entières d'amphibiens disparaissent, même quand leur milieu ne semble pas avoir été modifié. Il en est également ainsi en Australie. Mais, curieusement, ce n'est pas le cas dans d'autres

79. Elizabeth Kolbert, « The sixth extinction ? », *The New Yorker*, May 25, 2009.

biotopes apparemment plus perturbés, car les grenouilles continuent de s'y porter à merveille. Cette hécatombe n'a pas été tout de suite prise au sérieux, il est vrai qu'on ne recense pas les grenouilles comme les hommes ou les animaux d'élevage. Mais, un jour, les grenouilles du zoo de Washington se mirent aussi à mourir comme des mouches, si l'on peut dire cela d'amphibiens. Les biologistes s'en préoccupèrent alors et en recherchèrent la cause.

Si les biotopes favorables aux grenouilles se réduisent avec l'assèchement des marais, cette hécatombe mondiale de batraciens (un tiers des espèces) a une autre cause. Le coupable, très « naturel », n'est pas un pesticide, mais un champignon de la famille des chytrides qui vit en général sur des souches en décomposition. Si ce champignon a bien involontairement voyagé et découvert d'autres milieux, c'est pour réduire l'angoisse – ou devancer le bonheur – des femmes occidentales, oui, celles qui cherchaient, quelles qu'en soient les raisons, à savoir avec plus de certitude si elles étaient enceintes. En effet, dans les années 1930, un zoologiste britannique découvrit que quand on injectait certaines hormones humaines dans la femelle d'une petite grenouille d'aquarium – *Xenopus laevis* – celle-ci se mettait à pondre. Ce fut la base du premier test de grossesse, dit « test de la grenouille ». Ainsi, dans les années quarante, il n'était pas rare de trouver des aquariums remplis de grenouilles chez les obstétriciens. Mais cette grenouille est-africaine était porteuse saine de ce fameux champignon. Or, pour se reproduire, ce champignon, comme tous les champignons, fabrique des spores. Elles sont résistantes. Les spores qui flottaient dans l'eau de ces aquariums ont rejoint les égouts à l'occasion d'un changement d'eau, puis s'en sont allées dans les rivières et les fleuves de la planète avant de rencontrer un terrain favorable où elles pouvaient quitter leur état dormant et redevenir champignon. Les batraciens semblent tristement leur convenir. Ainsi d'autres espèces qui, elles, contrairement à *Xenopus laevis*, n'étaient pas des porteuses saines, sont mortes d'un champignon qui parasitait une petite grenouille qui pondait quand une femme était enceinte, et qui a pour cette raison fait le tour du monde et éradiqué d'autres espèces de la même famille.

Cette chaîne de causalité improbable ressemble à une comptine enfantine mais n'a rien, à l'exception de la facilité de faire voyager des grenouilles, « d'artificiel ». Les biotopes se transforment avec l'apparition de nouvelles espèces, nouvelles pour ce milieu-là, rarement pour le meilleur. Il en est ainsi, en Amérique du Nord, de la disparition des chauves-souris, elles aussi attaquées par un champignon à l'origine inconnue. La disparition des chauves-souris va accroître la prolifération des insectes qui accroîtra peut-être l'usage d'insecticides, qui... L'histoire du biotope terrestre n'est jamais définitivement écrite, d'autant que les hommes l'agitent, presque toujours inconsciemment, pour, le plus souvent, leur bienfait. Rappelons en effet que les plantes de notre base alimentaire viennent souvent d'autres continents. Ainsi la pomme de terre, la tomate, l'aubergine, l'avocat, la courgette comme le maïs viennent d'Amérique, le riz d'Asie, le kiwi de Chine, l'aubergine d'Afrique du Nord et du Moyen-Orient... Sans ces voyages intercontinentaux de plantes, il serait inconcevable de faire une ratatouille à Nice, mais malheureusement, parfois, il y a des passagers clandestins.

Ainsi l'« algue tueuse » de la Méditerranée, *Caulerpa taxifolia*, celle qui élimine les autres espèces et notamment les herbiers de posidonies, si importants pour la faune de cette mer, provient des aquariums du Musée océanographique de la principauté de Monaco. Les employés du musée rejetaient cette plante tropicale et envahissante à la mer, ce qui est plus facile que de remplir des poubelles. Elle fait des ravages, car elle est toxique pour beaucoup de poissons. De même, *Sargassum muticum*, algue brune, a été introduite en Europe avec les huîtres japonaises, importées parce que les huîtres autochtones, françaises donc, avaient du mal à se reproduire. Proliférante, toxique, elle envahit les côtes de la Manche et celles de l'Atlantique, et n'est pas consommée par la faune locale.

Le feu : mort ou renaissance de la forêt[80]

Autour de la Méditerranée, comme dans certaines parties de la Californie ou de l'Australie, les étés sont secs et, de ce fait, les feux particulièrement redoutés. Pour les craindre, il faut avoir constaté leur force et la vitesse à laquelle ils se propagent, même si la végétation calcinée, les maisons détruites, les hommes piégés par les flammes touchent le téléspectateur le plus saturé de violence télévisuelle. Protéger la forêt du feu est une nécessité incontestée, pense-t-on. Elle est aussi incontestable du point de vue des hommes qui y habitent, des sylviculteurs qui l'exploitent, des chasseurs qui, l'automne venu, y trouvent leur terrain de jeu favori ou des promeneurs qui goûtent la beauté du couvert et les odeurs à nulle autre pareilles. Tout le monde, donc, à l'exception cependant des forestiers et des écologistes scientifiques. En effet, cette protection nuit, dans ces types de forêts et dans ces forêts seulement, à la nature, car elle a besoin du feu pour conserver son équilibre.

Les incendies n'ont pas attendu l'homme pour se déclarer, les éclairs suffisent pour faire partir un feu. Les plantes qui ont donc survécu dans ces écosystèmes, particuliers, possèdent souvent des graines qui, pour rompre leur dormance, ont besoin de températures élevées. Sans incendie, il n'y a pas de régénération. Par ailleurs, le feu élimine les plantes importées qui pourraient menacer leur écosystème, et même l'équilibre entre plantes autochtones en dépend.

80. Cleo Bertelsmeier, « La protection des plantes passe par leur combustion », *Découverte*, n° 361, mars-avril 2009.

Ainsi Cleo Bertelsmeier[81] prend l'exemple de l'équilibre pin-sapin de la forêt méditerranéenne. Le pin *Pinus ponderosa* pousse rapidement et le sapin de Douglas, *Pseudotsuga menziesii*, plus lentement. « S'il y a un incendie, le feu brûle les deux et le cycle de croissance recommence. Mais s'il n'y a pas d'incendie, le sapin de Douglas finit par devenir plus grand que le pin, lequel n'est pas adapté à pousser dans l'ombre. Le pin meurt alors et disparaît à jamais de la région. Ainsi, c'est grâce au feu que ces deux arbres coexistent ! »

En comptant les cicatrices qui proviennent des brûlures et dont on trouve trace dans les anneaux des arbres, Nicholas Clinton[82] estime que, avant l'arrivée des Européens, 18 000 km² de forêt brûlaient chaque été en Californie, soit neuf fois plus que tous les incendies annuels de toutes les forêts des Etats-Unis. Il faudrait donc parfois laisser la forêt brûler en maîtrisant les feux, et en interdisant par conséquent toute construction au milieu de ces écosystèmes. Autrefois les feux étaient fréquents, or, quand ils sont rares, la température dégagée est deux à trois fois plus élevée (entre 700 et 800 °C) et détruit tout, y compris les graines enterrées. Les feux exceptionnels sont donc dangereux et les feux fréquents sont régénérateurs, et c'est pour apprendre à gérer ces forêts, ces écosystèmes du feu, que, notamment, l'université Pascal-Paoli de Corte et le CNRS déclenchent en Corse des incendies programmés.

Des abeilles, des insectes et des hommes

Malgré la douleur et les réactions allergiques – parfois mortelles – provoquées par leurs piqûres, les abeilles ont toujours

81. *Ibid.*

82. Clinton, Nicholas E., Peng Gong, Ruiliang Pu, « Evaluation of Wildfire Mapping with NOAA/AVHRR Data by Land Cover Types and Eco-Regions in California », *Geographic Information Sciences*, 10 (1), June 2004.

attiré la sympathie. Le miel, depuis toujours prisé, l'est plus aujourd'hui encore car on lui attribue des vertus diététiques, sinon thérapeutiques. L'organisation de la ruche fascine, et si les abeilles se défendent quand elles se sentent menacées, elles n'attaquent pas. De surcroît, chacun connaît le rôle qu'elles jouent dans la pollinisation. Avec les autres hyménoptères, elles évoquent des souvenirs fleuris et éclairent nos mémoires d'images parfumées de printemps lumineux. Aussi l'opinion mondiale s'émeut-elle quand elle découvre, dès le milieu des années 1990, que les apiculteurs trouvent certaines de leurs ruches vidées de leurs habitantes. Certes, ce n'est pas nouveau car, dès la fin du XIXe siècle, ce phénomène a été localement documenté, mais il prend une importance toute particulière qui culmine au cours de l'hiver 2006-2007, quand on affirme qu'aux Etats-Unis un quart de la population aurait été décimée. En Europe, le même phénomène pourrait atteindre, en certains endroits, plus de 90 % des ruches.

En février 2008, l'Agence française de sécurité sanitaire des aliments (Afssa) présente enfin une étude objective. Elle a été menée pendant trois ans sur cent vingt colonies d'abeilles, dans cinq départements (Eure, Gard, Gers, Indre et Yonne). Chaque ruche a été visitée quatre fois par an entre 2002 et 2005.

Parmi les causes potentielles de cette hécatombe, les chercheurs, poussés par les écologistes, ont bien entendu privilégié l'usage de pesticides et d'insecticides, notamment le « Gaucho » et le « Régent ». Du fait de cette suspicion, sans preuve incontestée, l'usage du premier avait déjà été suspendu dès 1999 sur le tournesol et, depuis 2004, sur le maïs ; quant au second, il est interdit pour tout usage, en France, depuis 2004.

Les résultats de cette recherche de l'Afssa sont fascinants. En effet, la conclusion essentielle de l'étude souligne qu'il y a – qui s'en serait douté ? – de bons et de mauvais apiculteurs et que c'est ce facteur qui explique la différence de production des ruches ! Les pratiques d'élevage, nous dit-on, sont déterminantes, et, avec grande honnêteté, l'étude rapporte qu'aucun effondrement particulier n'a été constaté durant ces quatre années, dans ces cent vingt colonies, où la mortalité des essaims reste inférieure à 10 %. Ce taux est « normal ». Certes, certaines ruches ont été malades de la loque ou infectées par *Varroa destructor*, mais, dans ce dernier cas notamment, les scientifiques qui suivent l'expérience ont indiqué aux apiculteurs la conduite à tenir pour l'éradiquer[83]. Quant aux premiers suspects, les pesticides et insecticides, ils ont été recherchés – à commencer par l'imidaclopride (la molécule active du « Gaucho ») – et trouvés dans de nombreuses ruches. Toutefois, à des doses tellement faibles qu'aucune relation n'a pu être établie entre ces traces de résidus et la mortalité des abeilles !

La chimie analytique est aujourd'hui si sensible qu'elle est capable de détecter des traces de moins de un milliardième de gramme d'un produit quelconque. Il s'agit de quantités si petites que l'on a du mal à se les représenter tant on franchit d'ordres de grandeur. On le saisit mieux en regardant dans l'autre sens : le rapport de un milliard est celui qui sépare mille tonnes et… un gramme. Chacun comprend alors que, si l'on peut garder l'usage de sa jambe quand on reçoit un gramme sur le pied, cela est moins certain quand il s'agit de mille tonnes.

Dans cette étude donc, les échantillons de pollen qui étaient prélevés dans les ruches furent considérés comme « positifs[84] » quand ils dépassaient la capacité de détection ! Ainsi, 57,3 % contenaient de l'imidaclopride avec, soulignons-le, 0,92 millionième de gramme par kilo en

83. Ce qui est un comportement contestable du point de vue scientifique.
84. Même si cela n'est pas dit, « positif » n'est donc pas synonyme de toxique.

moyenne. D'autres pesticides furent aussi détectés, dont un acaricide utilisé pour lutter contre le *Varroa destructor* parasite des larves. L'Afssa y voit une explication possible – mais non démontrée – de l'affaiblissement des reines[85].

Pour ce qui est donc de ces substances, la conclusion de l'étude est intéressante à plus d'un titre. Rapportant les propos de Philippe Vanier, directeur à l'époque de la santé animale à l'Afssa, Gaëlle Dupont[86] précise que « ces résultats ne peuvent être extrapolés et ne permettent pas de trancher sur l'impact des pesticides présents dans l'environnement sur la santé des abeilles, ou sur les éventuelles synergies entre pesticides et maladies. “Ils n'ont de valeur que pour l'échantillon considéré, qui est faible, affirme la scientifique. Mais [l'étude] apporte des éléments objectifs et précis dans un dossier où ils font défaut” ». Autrement dit, les suspects ont été blanchis, mais demeurent suspects.

Supposons que l'inverse ait été trouvé, autrement dit que pour ces colonies un lien statistique ait été établi entre des traces de pesticides et la mortalité des ruches, n'y aurait-il pas eu généralisation ? Il est vraisemblable que oui. Or, d'un strict point de vue logique, la généralisation eût été tout aussi hasardeuse. Certes, la suspicion trouvait des bases empiriques, mais elles n'étaient pas encore une preuve. Pour qu'il ait eu preuve, encore eût-il fallu que l'on fût capable de démontrer le mécanisme biologique en jeu entre ces traces de produits et la mortalité des abeilles. Par ailleurs, et surtout, en science il en est toujours ainsi. Une hypothèse non infirmée n'est jamais que provisoire. On verra peut-être un jour, j'en doute, une pomme, tombée à terre, remonter sur l'arbre, et la gravité universelle ainsi soudainement mise en défaut, mais en attendant on la considère – la gravité universelle – comme

85. Faut-il laisser mourir la colonie ou « affaiblir » la reine ?
86. Gaëlle Dupont, « Le mystère de la disparition des abeilles reste entier », *Le Monde*, mardi 19 février 2008.

« vraie ». Il en est de même de l'innocuité des traces de pesticides sur les colonies d'abeilles. Le résultat de l'étude de l'Afssa est partiel et provisoire, il faut comprendre qu'il le demeurera toujours tant qu'on n'aura pas démontré le contraire. Néanmoins, il est provisoirement « vrai » que les pesticides et insecticides ne sont pas à l'origine de la surmortalité des ruches. En attendant, la France s'est distinguée par sa prudence aussi extrême qu'infondée. Le Gaucho ou le Régent sont employés dans de nombreux pays et personne, en dehors de la France, ne les a désignés comme étant les responsables de cette hécatombe.

Cependant, des abeilles meurent. Certaines causes ont été détectées. Il en est ainsi du *Varroa destructor*, de la loque européenne et d'autres parasites. Des frelons originaires de Chine s'attaquent aux abeilles domestiques. D'autres facteurs sont plus hypothétiques : des virus, des bactéries, des champignons pourraient être en cause. Certains produits chimiques à petites doses pourraient jouer le rôle de leurre hormonal et modifier la physiologie complexe de ces insectes. L'élevage intensif[87], l'homogénéité génétique des ruchers, la réduction de la biodiversité florale, l'interaction entre tous ces facteurs… peut-être, tout cela est possible et même parfois vraisemblable, mais on ne sait pas encore.

Quant aux OGM porteurs de la protéine Bt, ils pourraient avoir un effet chez les abeilles infectées par un parasite. Toutefois, l'Europe où les OGM-Bt sont très rares, voire absents, a été touchée par la disparition des abeilles avant les Amériques où ils sont très répandus. A moins que, j'y songe, ce ne soient les cultures « bio », jusqu'ici non suspec-

87. L'apiculteur fournit parfois du sucre ou des substances chargées de fructose quand les floraisons tardent, et pour ce qui est des Etats-Unis, les ruches voyagent des milliers de kilomètres pour passer de Floride en Pennsylvanie. Elles s'offriront ensuite un séjour dans le Maine avant de se retrouver en Californie.

tées, mais grandes utilisatrices du bacille de Thuringe (*Bacillus thurengiensis israelensis* – BTI) qui soient les premières coupables. Cette hypothèse est peut-être moins farfelue qu'il n'y paraît. En effet, l'agent actif des OGM-Bt est une protéine codée par un gène issu du bacille de Thuringe. Mais, en culture « bio », il est non seulement licite mais courant d'épandre sur des salades, ou toute autre culture, des kilos de bacilles de Thuringe, et avec eux la fameuse protéine. Rappelons que les écologistes politiques font croire que la même protéine, provenant du même gène, pourrait être toxique quand elle est produite par une plante transgénique et qu'elle ne l'est pas par le bacille « naturel » ! Passons.

Parce qu'il est « naturel », le bacille de Thuringe est, si j'ose dire, mis à toutes les sauces, y compris celle de la démoustication, et, si les abeilles ne sont pas concernées, les hommes vont l'être, tous, y compris les écolos, qui passent leurs vacances autour des 10 000 hectares de zones humides qui s'étendent, dans le sud de la France, de la frontière espagnole aux étangs de Camargue.

En effet, cette bactérie « naturelle » – mais quelle bactérie ne l'est pas ? – devient quasiment le seul agent autorisé pour lutter contre les larves d'insectes. Depuis 1963, existait aussi un produit chimique efficace et bon marché : le Téméphos. Cette substance tue les larves par simple contact, or ce n'est pas le cas du BTI qui, pour être actif, doit être ingéré et n'agit donc pas au dernier stade larvaire de la mutation des insectes. A vrai dire, le Téméphos n'a pas été « interdit ». Cependant, en application d'une directive européenne du 16 février 1998, il devait être « habilité ». Or, le fabricant, la firme Bayer, a refusé de déposer un dossier d'habilitation car il était trop complexe et trop coûteux pour un si petit marché. Pas de Téméphos donc, mais des perspectives de soirées piquantes.

Pourtant, Christian Jean, président de l'Entente interdépartementale de démoustication (EID) des départements limitrophes de la Méditerranée, « se bat avec énergie depuis cinq ans contre ce qu'il appelle "un non-sens administratif" en réveillant sa mémoire des années 1950 lorsque, en été, le couvre-feu s'établissait aux portes de Montpellier à cause des moustiques qui dissuadaient les promeneurs de se risquer au-delà de l'avenue Palavas[88] ».

La peur de la chimie va peut-être faire renaître la peur des insectes, en attendant on a les insectes, des cas de dengue à Nice, et, plus encore, dans les départements d'outre-mer. On se couvre de produits chimiques à des doses qui ne sont plus celles du milliardième de gramme ! Comme les moustiques prolifèrent en été, hommes et femmes s'aspergent de produits répulsifs à l'efficacité incertaine, grenouilles et chauves-souris se régalent, les adultes s'énervent, les marchands d'insecticides s'enrichissent et les enfants sont couverts de piqûres infectées à force d'être grattées. J'adore.

Sans ironie cette fois, de ces quelques pages on peut déduire un principe de prudence, sinon de précaution. Il semble que le plus grand danger immédiat de tout écosystème est l'introduction dans un milieu donné de plantes et d'animaux qui lui sont étrangers. On connaît les ravages des lapins et des renards en Australie et de la myxomatose en Europe. Nous avons parlé des grenouilles sud-africaines et évoqué le cas des abeilles qui traversent les Etats-Unis et, vraisemblablement, ainsi récoltent les parasites de chacune des régions où elles passent. Par ailleurs, dès que l'homme intervient dans un milieu pour protéger insectes, sangliers ou chevreuils, il déséquilibre l'écosystème et se doit de continuer d'intervenir sinon, pourquoi, au nom de l'écologie, ne réintroduirait-on pas la malaria dans les Dombes ou en Sologne ? Elle y était « naturelle ».

---

88. Claude Belmont, « Inquiétudes sur la démoustication du littoral méditerranéen », *Le Figaro*, 2 mai 2008.

6

Obscurantiste

> « En politique, ce qui est cru
> devient plus important que ce qui est vrai. »
>
> TALLEYRAND.

Pour justifier le choix de ce qualificatif appuyé, trois exemples ont été pris : les OGM, les antennes relais des téléphones portables et les nanotechnologies. En effet, sans être un défenseur aveugle de l'usage de l'une ou de l'autre de ces techniques, il me semble que les croyances qui fondent les peurs ne peuvent, le plus souvent, pas décrire l'objet de leur crainte. Un halo de fantasmes, d'incompréhension, d'ignorance s'y attache. Demandez-vous, demandez à votre entourage ce qu'est précisément un gène. J'ai posé la question à de très nombreux leaders d'opinion, la réponse est dans 99 % des cas… imprécise. Quant à savoir, pour aller un peu plus loin, comment on distingue la sélection génétique traditionnelle et la transgénèse ou, pour prendre un de ces autres exemples, la transmission d'ondes téléphoniques et d'ondes télévisuelles, là encore la description des phénomènes biologiques ou physiques en jeu est ignorée. En Europe, et tout particulièrement en France et en Allemagne, la perte de repères, le désarroi politique se portent sur le rejet de certaines technologies et, curieusement, moins sur leur usage. Si pour ma part je suis très inquiet des applications de certaines d'entre elles et notamment parce qu'elles permettent de suivre chacun de mes achats, de mes déplacements ou de mes conversations, je pense que le rejet est non seulement impossible mais empêche justement de restreindre ces usages liberticides. La recherche scientifique, la mise au point de nouvelles techniques est un jeu pour adultes et, je vous l'assure, un jeu merveilleux que celui d'essayer de comprendre et de faire. Qui va empêcher les hommes de jouer ? Les Français orgueilleusement pensent qu'ils le peuvent, et nous allons voir combien cet orgueil est aussi vain que coûteux.

OGM

Ces trois lettres pour « Organisme Génétiquement Modifié » évoquent en France, plus que toute autre avancée technologique, le mythe de Frankenstein, le mal absolu, le danger suprême. Cependant, les Français utilisent pour se soigner des produits fabriqués par des OGM, l'insuline nécessaire à tout diabétique, notamment ; quant aux agriculteurs, pour nourrir leurs animaux, ils importent du soja génétiquement modifié sans que, rassurez-vous, leurs poulets ou leurs cochons deviennent phosphorescents, et il est vraisemblable qu'ils en mangent dans les salades où l'on trouve des pousses de soja. Jamais l'obscurantisme n'aura été si coûteux pour la France que celui qui l'aura conduite à sa position précautionneuse sur les OGM. Elle aura ici tout perdu : une recherche de qualité, une industrie de pointe, un atout pour son agriculture, une manière de contribuer à l'équilibre de sa balance des paiements et la possibilité de peser dans la nécessaire régulation mondiale des OGM. En effet, ont un poids dans de telles instances les pays qui cherchent et produisent, et moins ceux qui achètent quand la demande est forte, or c'est le cas des matières premières agricoles du fait de la croissance de la population mondiale et de l'utilisation de ces produits comme source d'énergie « renouvelable ».

Le Grenelle de l'environnement aura donné un coup fatal aux atouts français en la matière, qui étaient, soulignons-le encore, des équipes de recherche de grande qualité et, au moins, un industriel de la semence[89] capable de se battre avec les grandes entreprises nord-américaines. La raison de ce choix regrettable semble claire, sinon simple : pour avoir le champ libre sur le nucléaire, le président Sarkozy et son ministre Jean-Louis Borloo ont, dans ce cadre, sacrifié les OGM. Ainsi, au tout début de l'année 2008, Nicolas Sarkozy annonce qu'il est disposé à engager la clause de sauvegarde contre le maïs Mon 810, prétextant de « doutes sérieux » émis par le comité de préfiguration de la Haute Autorité sur les organismes génétiquement modifiés. Douze des membres de la section scientifique protestent en disant que leur projet d'avis n'évoque pas ces termes. Comme l'indiquent Bronner et Gehin[90], « la manœuvre destinée à donner les apparences de sérieux scientifique à une décision politique était si évidente que, dès le 13 janvier, le Premier ministre avait publiquement reconnu… que la décision prise "ne résultait que d'un compromis qui était scellé dans le Grenelle de l'environnement" ». Peu importe qu'ait été maquillée la parole des chercheurs et qu'une année plus tard l'Afssa – établissement public – précise qu'il n'y a aucun motif sanitaire d'interdire le maïs Monsanto 810. Les OGM ont joué le rôle de gage dans la tentative de captation des thèses, sinon des voix, écologiques par la majorité présidentielle. Deux années plus tard, après

89. Limagrain, une coopérative auvergnate.

90. Gérald Bronner, Etienne Gehin, *L'Inquiétant Principe de précaution*, PUF, Paris, 2010, p. 83.

l'échec de la taxe carbone, le solde politique de cette manœuvre semble avoir été surtout d'éloigner la majorité présidentielle du monde agricole dont elle était, jusque-là, proche. Il est vrai que la fibre agricole du Président comme de son ministre de l'Environnement de l'époque, était ténue et que leurs connaissances en biologie semblent succinctes. Ils ont accompagné l'opinion car 74 % des Français attendent de leurs députés « qu'ils interdisent strictement les cultures d'OGM en application du principe de précaution[91] ».

Déjà, le président Chirac avait fait subir à la France un retard considérable en prônant, sous l'influence de quelques chercheurs et de l'Eglise catholique, un moratoire des recherches portant sur les cellules souches humaines. Les équipes françaises qui tentaient de comprendre les mécanismes de différentiation cellulaire ou comment un œuf fécondé devient un être humain ont quitté le pays pour poursuivre leurs travaux en Chine ou aux Etats-Unis. Or, en 2008, le prix Nobel de médecine a été donné à des chercheurs qui travaillent sur cette question. Pour le moins, la communauté scientifique la considère donc comme cruciale. Certes, en 2011, il est techniquement possible de travailler sur les cellules souches sans utiliser des embryons humains, mais il est trop tard : beaucoup d'équipes sont parties.

Comment la France peut encore prétendre demeurer un pays où se créent les industries de demain en empêchant la recherche ou en contraignant ses débouchés économiques dans deux domaines aussi centraux ? Pour les pays concurrents, c'est l'aubaine. Ils regardent, avec une curiosité aussi amusée que dédaigneuse, ce pays qui se tire une balle dans le pied. Les plus cultivés s'étonnent que le pays où naquit, il y a deux siècles, « l'esprit des Lumières », permette à celui-ci de s'éteindre avec tant de facilité et d'ostentation

91. http://www.agirpourlenvironnement.org/pdf/sondageogm.pdf

prétentieuse. Les croyances qui conduisent à ces décisions sont, nous l'avons vu pour les cellules souches, mais aussi pour les OGM, de l'ordre du sacré. Aussi, même avec les meilleurs arguments rationnels, même avec la meilleure connaissance des bienfaits et des risques (il y en a), il sera difficile de faire évoluer l'opinion. Les Français ont l'orgueil de croire à la valeur profonde de leur obscurantisme enraciné et ne voient pas que les OGM ne sont que le timide début d'une révolution dans laquelle la France va jouer le rôle de figurant. Ainsi en 2010, le premier virus artificiel a été fabriqué ; il sera bientôt possible, à la demande, d'en fabriquer d'autres pour, par exemple, adapter au génome de chaque individu une thérapie efficace. Il ne s'agit plus de transférer un gène mais d'en réunir des dizaines, puis des centaines pour créer un être vivant !

A l'étranger, les OGM ne rencontrent pas de telles réactions passionnelles. Ainsi, le 8 octobre 2009, le secrétaire d'Etat à l'agriculture des Etats-Unis, Tom Vilsack, déclarait « qu'il veut bâtir [l'avenir de l'agriculture américaine] sur les découvertes scientifiques – par exemple les avancées incroyables du séquençage du génome des animaux comme des plantes[92] ». En 2009, aux Etats-Unis toujours, les OGM représentent 90 % du soja planté et 70 % du coton comme du maïs. Mais il n'y a pas que les Américains qui défendent les OGM. Des chefs d'Etat africains en sont aussi de farouches partisans. Ils savent que certaines de ces plantes limitent l'usage de coûteux pesticides épandus sans précaution par leurs concitoyens et qu'il y a donc pour eux, outre les bienfaits agronomiques, des avantages supplémentaires en termes de devises et de santé humaine.

En 2008, 25 pays au monde et 13,3 millions d'agriculteurs utilisaient des OGM végétaux. Leur surface plantée couvrait

92. Tom Vilsack, *National Press Club*, Washington D.C., october 8, 2009.

125 millions d'hectares, soit 8 % des surfaces cultivées du monde, plus de quatre fois la surface cultivable de la France (30 millions d'hectares). Etudiés sur le plan écologique et sanitaire avant leur diffusion en grande culture, les procédures semblent efficaces. Ces prudences ont, jusqu'à présent, suffi : les centaines de millions d'hommes et d'animaux qui ont ingéré ces récoltes ne semblent pas être atteints de maladie particulière, au contraire du fait que certains d'entre eux limitent l'usage de pesticides. Comme l'indiquent encore Brooner et Géhin[93], « l'intérêt économique n'est pas *toujours* contraire à l'intérêt commun. L'intérêt politique peut être, nous le redirons, de céder à la tentation populiste et de donner dans le précautionnisme, même si le bien public n'y trouve pas son compte ».

Bien entendu, pour des raisons que nous allons voir, la mise en culture de toutes les plantes génétiquement modifiées doit en Europe, comme aux Etats-Unis, incontestable leader en la matière, suivre une longue procédure. En Amérique, l'administration compétente, la Food and Drug Administration (FDA), prend en effet toutes les garanties, sinon toutes les précautions, sous l'œil vigilant des tribunaux américains. Ainsi, la vente d'une betterave à sucre compatible avec un désherbant vient d'être retardée alors qu'à la même date, l'automne 2009, un soja OGM particulièrement riche en huile était autorisé et que l'administration américaine précisait bien qu'elle se battrait pour que cette graine produite par l'entreprise Pioneer puisse être vendue à l'étranger.

Néanmoins, cela ne veut pas dire que l'utilisation de ces plantes soit imposée. Ainsi, aux Etats-Unis, comme ailleurs, le label « sans-OGM » est défendu par des chaînes de distribution spécialisées, avec cependant une interrogation spécifique aux Etats-Unis sur la traçabilité des approvisionnements.

93. Gérald Bronner, Etienne Gehin, *op. cit.*, p. 133.

Un vieux projet

Depuis l'invention de l'agriculture, il y a dix mille ans environ, les humains essaient de sélectionner des caractères heureux chez les plantes qu'ils cultivent et les animaux qu'ils élèvent. Ils réservent pour les semer les graines des plantes qui résistent le mieux aux aléas du climat ou aux parasites et cherchent à reproduire les animaux les plus « performants », quelle que soit la performance recherchée. Nous savons aujourd'hui que ces caractères ont le plus souvent un fondement génétique. Les humains ont, depuis que l'agriculture existe, sélectionné des mutants. « Les carottes, les vers à soie, tout comme certaines races de chien et bien d'autres organismes vivants qui font partie de notre environnement, sont tellement génétiquement modifiés qu'ils sont devenus incapables de survivre sans l'assistance de l'homme... Plus impressionnants encore sont, par exemple, le mulet, qui est le mélange du cheval et de l'âne, mais aussi le triticale, qui est une nouvelle espèce de céréale, un mélange de blé et de seigle, et qui est cultivée à grande échelle depuis des décennies[94]. » La différence entre le passé et le présent c'est que, au lieu d'aller tenter la chance, de sélectionner des brassées de gènes dont on n'a que faire et dont on ne sait pas comment ils interagissent, le génie génétique permet d'en choisir un et un seul dont on connaît les heureuses propriétés.

Sans qu'il s'agisse de science-fiction, les OGM ouvrent des voies nouvelles, encore insoupçonnées il y a un demi-siècle. Outre la production de plantes qui simplifient la tâche des agriculteurs, réduisent la pollution et augmentent les rendements, soit par une résistance à des ravageurs, soit par une résistance aux herbicides permettant de distinguer

94. Louis-Marie Houdebine, « Les OGM en douze questions », *Science et pseudo-sciences*, octobre 2007.

la plante cultivée des « mauvaise herbes », les OGM ouvrent de nouvelles perspectives. Pour n'en citer que quelques-unes, et en se limitant à des plants déjà testés dans des champs d'expérience, les OGM peuvent produire des protéines thérapeutiques ou des molécules recherchées par des industriels, ils peuvent accroître la teneur en vitamines, en fer ou en toute autre substance végétale jugée bénéfique. Il est également possible de sélectionner des OGM qui s'adaptent mieux à la sécheresse ou à certains sols et peuvent ainsi contribuer à une adaptation de l'agriculture au climat qui se transforme. Il existe également des OGM qui détoxiquent les sols en leur retirant les ions lourds…

Peut-on, malgré les risques dont nous parlerons, penser une minute que les humains vont se priver de ces incroyables possibilités alors que 950 millions des leurs meurent de faim, que certaines terres agricoles s'appauvrissent du fait de la croissance de la teneur en sel des sols, qu'une grande partie de l'humanité est carencée en fer et en vitamine D ? Oui, semble-t-il, en France.

Une connaissance plus précise de la génétique animale et végétale

Mais, qu'est-ce qu'un gène ? Un gène est un morceau d'ADN (acide désoxyribonucléique)[95] qui code pour la fabrication d'une protéine. L'ensemble des gènes d'une plante ou d'un animal constitue son génome, sa base de données, dans laquelle il va, dans certaines circonstances, puiser. Les gènes se trouvent dans le noyau des cellules de tous les tissus, de tous les animaux et tous les végétaux.

95. L'ADN est composé de nucléotides, eux-mêmes formés d'un groupe phosphate lié à un sucre (le désoxyribose) et à une base azotée. Il n'y a que quatre bases pour l'ensemble des organismes vivants.

Soulignons, après ces quelques rappels, des évidences aussi importantes que trop souvent ignorées.

Les humains passent leur vie à ingérer et détruire de l'ADN. Quand nous mangeons, nous avalons aussi des gènes de salade, de bœuf, de poulet, de tomate, de pomme de terre, de poire ou de framboise. Notre corps sait les détruire. Il y a longtemps que l'espèce humaine a pu constater que quand un homme mangeait du lapin, il ne devenait pas lapin pour autant, pas plus qu'il ne devenait salade ou pomme de terre si ces aliments étaient aussi au menu. Manger du poisson ne fait pas non plus pousser des branchies.

Bien entendu, il n'y a pas de gènes que dans les seuls OGM, il y en a partout.

Si un gène particulier a été transplanté dans le génome d'un maïs, d'un blé ou d'une souris, ce maïs, ce blé ou cette souris auront le même génome que la souche originelle, à une exception : le gène transplanté qui existe aussi ailleurs dans une bactérie, une plante ou un animal et est, à ce titre, « naturel ».

Ce gène transplanté pourra être actif ou dormant. En général, dans les graines, le gène est dormant, autrement dit il ne fabrique pas, à ce moment-là, la protéine recherchée, elle ne s'exprimera qu'à un stade ultérieur quand la graine aura germée. Alors, pour le tube digestif des humains, ce n'est qu'un autre brin d'ADN qui n'a pas de sens et que le tube digestif va détruire, sans le reconnaître.

Si l'on mélange dans un même lot des graines d'OGM et de plantes non-OGM et que ce lot est réservé à l'alimentation humaine ou animale, à la fabrication d'huile ou de carburant, le terme de lot « contaminé » est inapproprié et abusif. Ce gène dormant ne contamine en effet rien ni personne, pas plus que les autres gènes de la plante en devenir. Quand on mange du pain on ingère donc de l'ADN de blé, mais on n'avale pas un épi ! Non, l'épi de blé est potentiellement dans le grain de blé, il n'apparaîtra, quand on plante ce grain, qu'à la fin de la maturité de la plante, mais on ne le trouve pas dans la farine du boulanger même s'il figure parfois sur son enseigne. De même, pour un OGM sélectionné pour fabriquer telle ou telle protéine dans la plante, au stade de grain la protéine recherchée n'existe pas, elle n'est qu'en devenir.

A ce propos d'ailleurs les génomes des plantes, comme des animaux, contiennent des gènes qui ne sont pas seulement dormants, mais certains sont parfois « réprimés », bloqués. Autrement dit, pendant toute la vie de l'être concerné, ils ne s'expriment pas. Ainsi on a découvert que le chou utilisé comme modèle par les agronomes était aussi porteur, sans mauvais jeu de mots, du gène du caoutchouc. Et que donc, en libérant les mécanismes qui bloquaient l'expression de ce gène, ce chou banal de nos contrées pouvait potentiellement se mettre à concurrencer l'hévéa. Toutefois, au sens strict du terme, procéder à cette manipulation ne conduit pas à fabriquer un OGM puisque ce gène silencieux existait déjà chez ce chou. Il n'a pas été importé, il a été révélé, « débloqué ». Ceci est d'ailleurs une voie importante de recherche des fabricants de semences car ils évitent ainsi de tomber sous l'importante réglementation et les nombreux fantasmes qui concernent les OGM. Après ces quelques rappels, le lecteur peut donc douter de l'aspect rationnel de la position des écologistes politiques en la matière. Prenons encore le cas du bacille de Thuringe.

Il y a un siècle, nous l'avons vu, a été découvert que ce bacille avait d'intéressantes propriétés entomopathogènes, autrement dit qu'il peut tuer certains insectes, dans certaines conditions, à certains stades de son développement (chenille). On a donc cultivé cette bactérie et on peut l'épandre sur les radis, carottes, salades, tomates ou massifs forestiers. Elle est très utilisée en culture « bio ». Donc, rappelons-le encore, quand on mange du « bio », on mange aussi quelques bacilles de Thuringe, soit la bactérie tout entière et, avec elle, son gène insecticide. En revanche, quand les agronomes transplantent le seul gène de cette insecticide sur des plants de maïs, afin d'éviter d'utiliser trop de pesticides, ces plantes « Bt », ces OGM qui ne diffèrent que par la seule présence du gène qui code pour ce bacille, seraient à proscrire ! Rigolo.

Risques et bienfaits : une analyse cas par cas

Bien entendu, nous ne sommes pas des défenseurs béats des OGM. Leur développement pose des problèmes très similaires pour les végétaux à ceux soulevés par la venue d'une plante dans un nouvel écosystème. Soulignons d'ailleurs que s'il peut y avoir une méthode générale d'analyse des risques et des bénéfices, chaque OGM doit être étudié cas par cas.

Bien entendu tout commence par l'analyse des bienfaits et des dangers, et notamment l'étude de la toxicité éventuelle du gène transplanté et des réactions allergènes qu'il pourrait induire chez l'homme. Il s'agit là de méthodes connues et classiques, mais soulignons que, comme souvent en économie, ceux qui bénéficient des bienfaits de ces innovations ne sont pas toujours ceux qui courent les risques éventuels. A ce stade de développement des OGM, un des problèmes politiques qu'ils soulèvent provient du fait que les consommateurs, s'ils ne courent pas de risques, n'en sont le plus souvent que les bénéficiaires très indirects.

Puis il faut se demander comment cette plante peut éventuellement agir sur les plantes non-OGM de la même famille. Dans certains cas ce risque n'existe pas ou peu[96]

96. Sauf pour les fabricants de semences et ceux qui ne plantent pas d'hybride. D'ailleurs au Mexique, pays d'où vient le maïs, le maïs OGM n'a pas laissé de trace sur le maïs sauvage.

parce que, comme dans le cas du maïs européen, la plante n'a pas de cousine germaine sauvage sur le continent ou elle est trop fragile pour vivre sans intervention humaine (les carottes, le blé...), ou encore elle est autogame, ou la méthode de reproduction est végétative (pomme de terre)[97]... En revanche, ce risque peut exister en Europe pour le colza et la betterave, d'où le refus de l'Union européenne d'autoriser les variétés OGM de ces plantes.

La brevetabilité du vivant

S'il est normal en matière d'OGM, comme en matière de médicament, que les inventeurs bénéficient de leur invention, la question de la propriété du vivant est centrale, d'autant que s'est créé un dangereux oligopole entre quelques firmes (Monsanto, Pioneer...) mondiales. Elles tentent de s'approprier des variétés entières de plantes, héritage commun, patrimoine essentiel de l'humanité. Le brevetage d'un gène doit être limité dans le temps pour une application, le gène fait aussi partie de notre héritage et ne saurait être approprié *ad aeternam* par quiconque.

Bien entendu, à cette question est associée la dépendance des agriculteurs à l'égard des fabricants de semence. Ce n'est pas nouveau, la majorité des agriculteurs achètent déjà leurs semences, mais ce problème classique n'est pas simple pour autant, pas plus que ne l'est l'accès des médicaments quand ils sont encore protégés par des brevets. La plus grande vigilance s'impose, d'autant qu'avec les bénéfices réels de ces OGM, dans les pays où ils sont autorisés, les agriculteurs abandonnent les variétés traditionnelles et réduisent la biodiversité. De surcroît, les semenciers ne

97. Quand on veut récolter des pommes de terre, on plante des patates, pas des graines de pomme de terre !

tentent plus d'améliorer les variétés traditionnelles, c'est déjà le cas pour le soja. Il ne restera plus bientôt que des variétés OGM car les lignées sur lesquelles travaillent les semenciers auront le ou les gènes nouveaux.

Partisan de la biodiversité en général et de celle des plantes cultivées en particulier, je plaide pour le maintien de ce patrimoine. Toutefois, le Grenelle de l'environnement ne semble pas avoir donné des moyens, en France, à l'Institut de recherche agronomique pour qu'il maintienne ses collections. Ecologique ?

La traçabilité

Partisans et adversaires des OGM s'affrontent dans le monde entier, ces derniers demandent que les OGM soient tracés tout au long de la chaîne alimentaire, et la question qui n'est pas mineure est : qui doit payer ? La réponse est bien entendu politique. Certains pensent qu'à terme le marché des non-OGM sera un marché résiduel, une sorte de marché « bio », et que ce sont eux qui doivent payer pour leurs croyances. D'autres estiment *a contrario* que la charge doit revenir aux producteurs, transformateurs et consommateurs d'OGM. Or, la traçabilité a un coût élevé et passe par la séparation complète de deux chaînes agricoles et alimentaires. En Europe et en France, à ce stade, les exigences administratives en la matière sont telles qu'elles pèsent économiquement sur la chaîne OGM jusqu'à en effacer les bienfaits économiques. En effet, dès qu'un lot de graines dépassera 0,9 %[98] d'OGM, ce lot sera étiqueté comme en contenant. Or, comme un nombre important des consommateurs français pensent que les OGM sont dangereux, cela

98. Le niveau du seuil était encore débattu à l'automne 2010, certains adversaires des OGM plaidant pour un taux de 0,1 %.

revient de fait à en interdire la commercialisation. Car ceux qui n'ont pas d'*a priori* se disent à leur tour que si l'on prend toutes ces précautions c'est bien qu'il doit y avoir quelque chose. Pourquoi pas, si nous sommes assez riches ?

Que retenir de ce cas ? La première chose est qu'une très très grande majorité des Français, je l'ai souligné, n'a aucune idée de ce qu'est un gène. Certes, ils ont un vague souvenir des lois de Mendel et des petits pois lisses ou ridés, mais si les plus éduqués peuvent donner le sens d'ADN (acide désoxyribonucléique), ils en ignorent la structure, comme ils ne savent pas qu'ils passent leur vie à ingérer et à détruire les gènes d'autres espèces animales ou végétales. Comme dans le cas du bacille de Thuringe, ils ignorent également que le gène existe déjà et qu'il est très vraisemblable qu'ils l'aient déjà ingéré, surtout s'ils sont adeptes des produits « bio ». Comme par ailleurs ils ont aussi goûté au maïs, leur estomac a donc déjà rencontré à la fois tous les gènes du maïs et tous ceux du bacille. Ainsi, sauf interaction particulière lorsque le gène s'exprime, ce qui est rarement le cas dans un grain de maïs, quand on place le gène « insecticide-bio » dans le génome du maïs, il n'y a rien de nouveau pour l'estomac. Mais il est impossible de passer une minute et demie à la télévision pour expliquer cela. L'animateur vous interrompra, craignant un « tunnel », affirmera que c'est trop « technique » et vous laissera entendre que vous ne serez plus invité à son émission, menace suprême. Il attend de ses invités, les « Pour » et les « Contre », qu'ils se battent, l'objectif étant de distraire, pas d'éduquer.

Tous les arguments se valent alors : des défenseurs de la gastronomie-française-surtout-sans-OGM, en passant par l'agriculteur « bio », ou à l'écologiste politique qui mélangera les questions profondes soulevées par cette technologie (propriété du vivant, impact pour certaines plantes, dans certains pays, sur la biodiversité...), et la peur, fondée notamment sur l'affaire de la vache folle, de mourir peut-être un jour pour un steak renaîtra, sans fondement.

En attendant, les Français ingèrent des OGM, l'agriculture est pénalisée, l'oligopole mondial des producteurs d'OGM est renforcé et la France n'a qu'un strapontin, et encore, dans les instances internationales. Enfin, et ce n'est pas la moindre critique, les Français affirment leur éco-impérialisme en ne participant pas à la recherche de plantes qui pourraient, par l'adjonction de quelques acides aminés ou de vitamine A (le riz doré), lutter contre la malnutrition des pays pauvres. Au nom de quoi, de quelle légitimité peuvent-ils imposer leurs craintives précautions à ceux qui tentent d'abord de se nourrir pour vivre ?

Sans mot dire, ils laissent détruire des années de recherche et deviennent des complices tacites du comportement des faucheurs volontaires, tristes descendants de ceux qui, au cours de l'histoire, ont brûlé des livres tant ils craignaient que la connaissance qu'ils transmettaient remît en cause leurs fragiles croyances. N'oublions pas en effet que beaucoup des travaux de recherche en la matière ont été conçus pour tenter de démontrer le fondement scientifique des hypothèses avancées par les adversaires des OGM. On sait pourtant qu'il ne s'agit que d'un prolongement des méthodes de sélection génétique qui ont permis à des milliards d'hommes de se nourrir et à de très nombreux autres de se libérer des lourdes contraintes de l'agriculture. Des milliards d'êtres humains, et des animaux plus nombreux encore, ingèrent, sans autre conséquence qu'une amélioration de leur état, les OGM asiatiques, américains, océaniens et bientôt africains. Faut-il d'autres preuves de leur innocuité ? Quant aux bénéfices environnementaux de ces OGM, de nombreuses études, dont une commune à l'Académie des sciences, l'Institut de médecine, l'Académie de l'engineering et le Conseil national de la recherche des

Etats-Unis, concluent en avril 2010[99] que ces OGM – lorsqu'ils sont proprement gérés – ont globalement apporté « de substantiels bienfaits environnementaux et économiques quand on les compare aux semences conventionnelles ». Cela semble naturel car ils ont été sélectionnés soit pour limiter l'usage de pesticides ou le besoin d'irrigation, soit pour simplifier les façons culturales. Quand on connaît l'indépendance de ces institutions et leur exigence en matière de preuves empiriques, seules l'ignorance et la mauvaise foi permettraient de prétendre que ces universitaires et chercheurs sont vendus au grand capital !

Ondes électromagnétiques

Qui n'a pas lu dans la presse quotidienne des articles sur le danger des antennes relais et des téléphones portables ?

Qui n'a pas entendu parler de la très médiatique association « Robin des toits », pourfendeuse d'antennes relais et « spécialistes toutes ondes », plus écoutée par les chaînes de télévision que les scientifiques, suspectés de leur compétence ? Qui n'a pas compati au drame de cette famille, particulièrement « hypersensible aux ondes », victime de l'une de ces fameuses antennes, souffrant de maux de tête, de dépression et autres maladies invalidantes depuis l'installation d'une de ces machines, mais dont on apprendra, quelques mois après le reportage pleine page de ses malheurs, que l'antenne incriminée n'était pas branchée et que, en conséquence, elle ne pouvait émettre aucune onde ? Une pleine page ici, un entrefilet pour le démenti là, information ?

Qui n'a pas remarqué que l'inquiétude du public est plus grande quand on évoque la question des antennes

99. http://national-academies.org/

que quand on parle de téléphone portable ? Alors que, comme nous allons le voir, l'innocuité des unes peut-être affirmée et le danger des autres ne peut pas encore être totalement éliminé, même s'il est extrêmement faible. En effet, on ne sait pas encore ce qui pourrait advenir à un bébé de six mois s'il téléphonait une demi-heure par jour à ses copains de garderie, mais la familiarité apprivoise l'inquiétude et l'utilité du téléphone portable balaie les quelques réserves que les plus angoissés pourraient avoir. Il faut bien qu'ils puissent appeler leur médecin.

Qui fait la différence entre un expert autoproclamé, comme le psychiatre David Servan-Schreiber à l'origine de l'« appel des 20 experts » sur le danger des téléphones portables, et la verte réponse de l'Académie de médecine[100] à ses déclarations sinon imprudentes, du moins infondées ?

Qui n'a pas analysé l'efficace stratégie des associations qui nourrissent l'inquiétude de nos contemporains, leur raison d'être, en cherchant à ce que ce soient les tribunaux, et non pas la recherche médicale, qui constituent la preuve de la dangerosité ? Pour le public et la presse, c'est dangereux, non pas parce que ça l'est, mais parce que le Conseil d'Etat a jugé, par exemple dans son arrêt du 19 juillet 2010, que le principe de précaution (article 5 de la Charte de l'environnement) s'appliquait de plein droit à la question des antennes relais. Il a donc jugé que le tribunal administratif d'Orléans avait commis une erreur (de droit) et que la plainte de l'Association du quartier les Hauts de Choiseul était bien recevable au titre de cet article. Mais, pour le public et cette association, cette victoire juridique est la preuve du bien-fondé de leur thèse. Une fois encore, il s'agit de la confusion des ordres, ici entre celui du droit et celui de la science, mais peu importe du moment que l'on

100. Anne Perrin, « Ondes électromagnétiques : comment s'y retrouver dans l'information ? », *Science et pseudo-sciences*, n° 285, avril 2009.

inquiète, que l'on collecte des cotisations et que l'on passe à la télévision. Mais qu'en est-il vraiment ?

Les téléphones portables fonctionnent grâce à la modulation d'un signal, transmis, « porté » par des ondes électromagnétiques. Ces ondes sont utilisées depuis un siècle pour la radiodiffusion et depuis une soixantaine d'années pour la télévision. Aujourd'hui, quatre milliards d'humains utilisent un téléphone portable ; les éventuelles conséquences sanitaires de l'utilisation de cette machine et du système complexe qu'elle implique (antennes, satellites) sont de fait légitimes. Les antennes relais diffusent donc des ondes électromagnétiques porteuses de ces signaux. Sont-elles dangereuses ?

La quantité d'énergie transportée par une onde va dépendre tout d'abord des quanta d'énergie qui sont associés à la longueur d'onde (plus les ondes sont courtes, plus les quanta sont élevés), puis de la proximité de la source émettrice (l'antenne).

L'énergie est d'autant plus forte que la fréquence augmente. Il en est ainsi, par exemple, des rayons X qui, parce qu'ils peuvent détruire des molécules, sont qualifiés de « ionisants ». En revanche, quand la fréquence baisse, leur effet devient de moins en moins invasif, et pour les très grandes longueurs d'onde, l'énergie n'est pas suffisante pour attaquer une quelconque liaison chimique. Sans entrer dans des détails facilement vérifiables, l'onde la plus haute des rayonnements non ionisants est l'ultraviolet, puis vient, par ordre décroissant, la lumière visible, l'infrarouge, les radars, la télévision, les téléphones mobiles, la modulation de fréquence (FM), le Wi-Fi, le chauffage par induction et le réseau électrique. Pour donner un ordre de grandeur, la longueur d'onde des antennes de télévision et des téléphones portables est 100 000 fois plus basse que celle de la lumière visible, et celle des antennes de téléphone mobile, à leur tour, 100 à 100 000 fois plus faibles que celles des téléphones portables.

Par ailleurs, cette énergie est forte à proximité de la source (l'antenne) mais diminue très vite quand on s'en éloigne. Il en est de cette énergie comme de la chaleur d'un feu de bois : chacun a pu constater que l'on se brûle en maintenant la main dessus, que cette même énergie vous réchauffe à un mètre et que l'on ne sent plus rien à une dizaine de mètres. L'énergie transmise baisse très vite avec, pour les scientifiques, l'inverse du carré de la distance.

Pas plus qu'il n'a été démontré que des lignes à haute tension sont la cause de problèmes pathologiques dans certains élevages, il n'a été possible de trouver un lien entre une hypersensibilité aux ondes électromagnétiques déclarée et l'émission d'ondes. « Les études menées en double aveugle – c'est-à-dire que ni la personne volontaire, ni le médecin examinateur ne sait si le champ est présent ou non – ont montré que les symptômes n'étaient pas corrélés à la présence du champ. De plus, ni les personnes se plaignant d'hypersensibilité électromagnétique, ni celles ne s'en plaignant pas, ne sont capables de détecter la présence du champ magnétique[101]. »

Quant aux antennes relais, l'Agence française de sécurité sanitaire de l'environnement et du travail (Afsset) indique dans son rapport rendu public le 15 octobre 2009 que « les données issues de la recherche expérimentale disponibles n'indiquent pas d'effet sanitaire à court terme ni à long terme de l'exposition aux radiofréquences[102] ». Non seulement il

101. Martine Souques, « Faut-il avoir peur des champs magnétiques liés à l'électricité ? », *Science et pseudo-sciences*, n° 285, avril 2009.

102. Le rapport vise par là la radiodiffusion, la télévision, les antennes relais et la téléphonie mobile.

n'y a pas d'effet sur l'homme, mais aucun effet n'a été démontré sur les cellules, l'induction des cancers, les cellules nerveuses, le système immunitaire, la reproduction... On ne saurait être plus exhaustif.

Si les trois Académies de médecine, des sciences et des technologies viennent conforter ce rapport, c'est parce que le communiqué de presse de l'Afsset, rédigé, non pas par le groupe d'experts mais par le directeur de l'Agence, contredit le rapport lui-même. Jugez-en, c'est un chef-d'œuvre d'hypocrisie administrative.

« Le rapport de l'Afsset met en évidence l'existence d'effets de radiofréquences sur des fonctions cellulaires, rapportées par une dizaine d'études expérimentales considérées par l'Afsset comme incontestables. » Néanmoins aucun mécanisme d'action entre les radiofréquences et les cellules pour des niveaux d'exposition non thermique n'a été identifié à ce jour. De même, le niveau de preuve épidémiologique concernant des excès de certaines tumeurs reste très limité. *A contrario*, un nombre important d'études ne rapporte pas d'effet particulier. Au total, le niveau de preuve n'est pas suffisant pour retenir en l'état des effets dommageables pour la santé comme définitivement établis. Pour l'Afsset ils constituent des « signaux indéniables ». Autrement dit : il y a quelque chose, il n'y a rien, les preuves ne sont pas suffisantes, mais il faut s'inquiéter. Pas mal, en un paragraphe !

D'où la réaction des Académies partant du même rapport :

« — Les hypothèses concernant les mécanismes biologiques qui auraient pu être à l'origine d'un effet sanitaire des radiofréquences n'ont pas été confirmées,

« — les antennes relais n'émettent pas de basse fréquence,

« — le rapport BioInitiative... est écrit sur un registre militant,

« — Les 11 études rapportant un effet n'ont pas été validées,

« — Les Académies *s'étonnent*[103] que la présentation de ce rapport n'ait pas particulièrement insisté sur ces aspects rassurants, mais au contraire sur les 11 études rapportant des effets,

« — Les Académies relèvent que le rapport des experts indique (p. 400) qu'"... aucune preuve convaincante d'un effet biologique particulier des radiofréquences n'est apportée", en contradiction avec le communiqué de presse qui commence par : "Le rapport de l'Afsset met en évidence l'existence d'effets des radiofréquences sur des fonctions cellulaires. ."

« — Les Académies *déplorent* que ces études aient été présentées comme des signaux "*incontestables*" invitant à réduire l'exposition aux antennes relais,

« — En conclusion, considérer ces études comme des signaux "incontestables" invitant à réduire l'exposition aux antennes relais ne ressort ni du rapport scientifique de l'Afsset, ni de l'analyse de ces études, ni des conclusions des autres rapports récents. »

Dans une lettre envoyée le 19 mai 2010 à Mme Bachelot et à M. Borloo, respectivement ministre de la Santé et ministre de l'Ecologie, huit corédacteurs[104] de ce rapport de l'Afsset portant sur les *effets sanitaires de champs électromagnétiques extrêmement basses fréquences* écrivent : « Pour la seconde fois en quelques mois, l'Agence française de sécurité sanitaire et au travail (Afsset) a trompé délibérément le public et bafoué l'expertise scientifique. » Ces mots vigoureux sont utilisés pour dénoncer le fait qu'un avis sur un rapport scientifique a été rédigé sans concertation avec les auteurs du rapport, sans publication simultanée du rapport et en formulant des recommandations

103. C'est un mot très fort pour un rapport des Académies.

104. Henri Brugère, Jean-Claude Debouzy, François Gaudaire, Isabelle Lagroye, Anne Perrin, Marc Poumadère, Paolo Vecchia, Catherine Yardin.

contraires à l'avis des experts scientifiques, coauteurs du rapport. Ainsi, l'Afsset recommande « la création d'une zone d'exclusion de nouvelles constructions d'établissements recevant du public qui accueille des personnes sensibles de minimum 100 m de part et d'autre des lignes de transport d'électricité à très haute tension », alors que les rapporteurs déclarent que « les preuves scientifiques d'un possible effet sanitaire à long terme sont insuffisantes pour justifier une modification des valeurs limites d'exposition actuelles ». Ils rappellent que le risque provient du champ magnétique et non pas des lignes elles-mêmes, que les humains rencontrent tous les jours d'autres sources de production de champ magnétique, à commencer par nos objets électriques les plus familiers, et concluent en disant : « Nous, scientifiques, dénonçons solennellement ce déni de la science qui aboutit à une interprétation irrationnelle du principe de précaution. »

On ne peut être plus clair. Remarquons en passant que la presse ne s'est pas émue de ce scandale, elle si prompte à dénoncer erreurs et manipulations. Le lecteur intéressé trouvera aussi sur le site des trois Académies le commentaire détaillé et l'analyse critique des onze études laissant supposer l'existence d'un effet quelconque. Pour le moins, il conviendrait de les répliquer, tant, à ce stade, elles souffrent de problèmes méthodologiques.

Qui croire ? Un fonctionnaire qui prend, pour sa carrière, des précautions compréhensibles, sinon excusables, ou les auteurs du rapport et les académiciens dont la carrière n'a rien à attendre des bienveillances ministérielles et dont la liberté de parole est (encore) garantie par la République ? En attendant, a été enregistrée à la présidence de l'Assemblée nationale le 8 juillet 2009 une proposition de loi « *visant* à limiter le voltage et *encadrer* le déploiement des *antennes relais* ». L'exposé des motifs précise notamment que « les pouvoirs publics sont actuellement confrontés à l'inquiétude en la matière... il apparaît aussi urgent qu'indispensable de limiter le voltage et d'encadrer l'implantation des antennes relais de téléphonie mobile ».

Je ne puis pas une seconde imaginer que nos députés ne savent pas que les antennes de télévision émettaient et émettent (rassurez-vous sans conséquence) plus d'énergie que les antennes relais des téléphones portables, que plus l'énergie des antennes baisse plus celle des téléphones – eux proches de l'oreille – augmente, que le poste « téléphone » est un poste de dépense croissant pour tous les ménages et donc aussi celui des plus modestes – or il faudra bien faire payer le consommateur –, que de telles dispositions, à supposer qu'elles soient justifiées, devraient être, au mieux, d'ordre réglementaire...

La peur est devenue affaire d'opinions. Je ne sais pas s'il faut rechercher dans la science-fiction ou chez les charlatans de tous âges et de toutes époques cette croyance dans l'effet des ondes, mais, pour le moins, la République des savants est un passé révolu. Le politique ne s'appuie plus sur l'expertise scientifique. Des études fantaisistes, des associations d'usagers, des experts autoproclamés ont, c'est un fait empirique, plus d'influence que les auteurs d'un rapport des trois Académies. Les juges de plusieurs tribunaux estiment qu'il est « sérieux et raisonnable » de douter de l'innocuité des antennes relais. La République des usagers remplace la République des savants.

Les nanotechnologies : grandes leçons de petits objets[105]

La commission particulière du débat public sur les nanotechnologies, présidée par Jean Bergougnoux, a terminé fin février 2010 à Paris ses auditions publiques. Elles furent pour la plupart sabotées par des groupes se qualifiant d'« écologistes ». Toutefois, quelles leçons tirer de ce débat « large et transparent » sur les bienfaits et les risques de ces nouveaux objets ?

Il ne suffisait pas d'intelligence, de volonté, de diplomatie, il fallait aussi du courage pour mener à bien cette mission et tenir dix-sept réunions publiques. Jean Bergougnoux en a fait preuve. En effet, il a rencontré des opposants organisés qui ne voulaient pas que ces réunions se tiennent. Ainsi, les débats publics n'ont pas pu avoir lieu à Lille comme à Grenoble et ont été fortement perturbés à Clermont-Ferrand et à Toulouse.

A l'instar des « faucheurs volontaires » qui détruisent les champs d'expérience destinés à étudier les éventuels dangers des OGM, on découvre donc d'autres adversaires déterminés non seulement de la connaissance mais aussi de la plus élémentaire liberté d'expression. Mais de quoi s'agit-il ? Pourquoi une telle violence ? Comment peut-on lever ou confirmer les craintes de ces nouvelles techniques ?

Evoquer les nanotechnologies renvoie à une échelle précise, celle du milliardième de mètre, et surtout à des propriétés physiques particulières que la matière peut acquérir à cette microscopique dimension. L'on sait depuis plusieurs

105. Une partie de ce texte sur les nanotechnologies a été publié dans le journal *Le Monde* et cosigné avec Catherine Cesarsky, administrateur général du Commissariat à l'énergie atomique. J'ai ajouté à cet article des réserves sur l'usage des puces à radiofréquences. Elles n'engagent que moi.

siècles que le carbone est amorphe ou cristallisé sous la forme de diamant ; on découvre qu'il peut aussi, à cette échelle, s'organiser en nanotubes aux propriétés physiques et chimiques nouvelles. Il en est de même de l'or qui, pour n'évoquer que sa couleur, est rouge en particules de 5 nanomètres, vert autour de 50 nanomètres et jaune au-dessus de 100. On voit ainsi que la nature chimique d'un corps ne suffit plus seule à le caractériser. Une même substance peut prendre plusieurs formes, et ses propriétés intrinsèques varier non seulement avec la taille des particules qui la composent, mais aussi avec l'interaction de celles-ci avec leur environnement. Les nanoparticules sont en effet intéressantes pour leurs « effets-surface », d'ailleurs souvent nécessaires pour les fixer car à l'état pur elles peuvent être instables. Il faut donc créer de nouvelles manières de caractériser une même substance, inventer de nouveaux appareils pour les détecter et construire une toxicologie spécifique quand ces nanoparticules sont stables.

L'homme vit avec les nanoparticules depuis qu'il est sur Terre : la fumée des volcans, la poussière des déserts ou les embruns marins en sont composés. Il les utilise aussi depuis très longtemps sans toujours savoir qu'il s'agit des propriétés particulières des nanoéléments. Ainsi, il y a mille ans déjà, la réputation des épées de Damas provenait du fait que, grâce à leur procédé de fabrication, elles étaient en partie composées de nanoparticules de carbure de fer qui leur procurait leur dureté. La nouveauté de ce XXIe siècle réside dans le fait que, à la suite des travaux de recherche découvrant les remarquables propriétés de ces nanoéléments, l'industrie les fabrique et les insère dans des objets courants : lunettes, raquettes de tennis, produits cosmétiques ou pneus d'automobile. Ils jouissent alors de propriétés nouvelles.

La course est lancée. La recherche y joue un rôle prépondérant, La France, au cinquième rang avec 5,6 % des publications mondiales, tient sa place mais se situe loin derrière les Etats-Unis et la Chine (plus de 15 %), ou même l'Allemagne (8,2 %). Va-t-on garder cette position ? Ne va-t-on pas, là encore, démontrer le talent de nos chercheurs, la paralysie de notre Etat et la frilosité de nos investisseurs et... tout perdre ? Ces questions ne sont pas vaines, car c'est ce qui vient de se passer à la suite du moratoire interrompant les recherches sur les cellules souches, voie d'avenir s'il en est en biologie humaine. Mais, nous l'avons vu, du fait du moratoire français, les spécialistes français sont partis à l'étranger, et la France a pris un retard scientifique et industriel qu'elle rattrape mal. Ainsi, visitant un hôpital en Chine durant l'été 2010, j'y ai trouvé un service spécialisé dans l'usage de ces cellules régénératrices.

Bien entendu, pour les nanotechnologies, il ne s'agit pas, au nom de la concurrence internationale et de la mondialisation inéluctable, d'imposer à une population inquiète des innovations peut-être utiles mais qui pourraient être dangereuses. Il s'agit de maîtriser collectivement le risque, et pour cela de le comprendre, d'en débattre et d'en décider démocratiquement.

Soulignons tout d'abord que la dimension seule de l'objet ne confère pas –, du point vue des dangers comme des bienfaits – à la famille des « nanos » une unité. Il faut étudier chaque nano au cas par cas, même si, nous l'avons vu, cet ordre de grandeur pose des problèmes métrologiques et toxicologiques spécifiques.

Comme dans tout procédé industriel, il faut, pour chaque nanoproduit ou objet, analyser les processus de fabrication et se prémunir contre leur éventuelle dangerosité. Les risques, même encore inconnus, sont en la matière habituels : risque d'explosion, toxicité pour le personnel et pollution de l'environnement. Les procédures actuelles ne nécessitent donc pas de profondes modifications pour s'adapter aux nanotechnologies. Ce qui est nouveau concerne, non pas tant l'incorporation de ces nanoparticules dans d'autres substances (matière plastique par exemple), mais la dissémination des objets de consommation courante (lunettes, cartes électroniques...) ainsi fabriqués. En effet, ils se répandent sur la surface du globe et interagissent alors avec l'homme et son environnement. Là, les choses sont moins connues et ne seront quantifiables qu'à terme. La prudence semble être alors indiquée notamment pour, par exemple, d'éventuelles nanolessives, nanopesticides ou nanoaliments. Mais il ne suffit pas de regarder les risques, il faut en mesurer les bienfaits quand ils existent, or ils peuvent être considérables, surtout en médecine.

Contrairement à ce que réclament certains, n'espérons pas démontrer un jour l'innocuité absolue de ces technologies, tout simplement parce que, là encore, il est logiquement impossible d'affirmer qu'un produit ne sera jamais toxique : on peut tester sa toxicité dans de très nombreux domaines, mais jamais dans tous ! De plus, soulignons que la toxicité ne provient jamais d'un produit, mais de son usage. L'eau de Javel, je le répète, toxique familier, source de plusieurs accidents domestiques graves à forte dose, n'inquiète pas à des doses plus faibles et est, nous le savons tous, bien utile.

Pour ce qui est des nanotechnologies, de notre point de vue, l'inquiétude la plus fondée ne vient pas de leur inclusion dans les lunettes ou les pneus, mais dans les puces à radio fréquence, invisibles (500 000 fois plus petites que l'épaisseur d'un trait de crayon), peu onéreuses, elles permettent de suivre chaque homme à la trace et de guetter, à son insu, son comportement. Bien qu'elles se diffusent rapidement, elles ne semblent pas particulièrement inquiéter nos concitoyens. Curieusement donc, même s'il y a de nécessaires prudences en matière de fabrication, s'il faut veiller à la santé au travail et à celle des consommateurs, la société est, dans ces domaines, inquiète et vigilante. En revanche, des pertes de liberté potentielles considérables semblent peu mobiliser l'opinion. Il est vrai que les Français demandent plus de sécurité, plus de contrôle, plus d'Etat, plus de surveillance et donc, *de facto*, moins de liberté. Ils vont être servis car la surveillance permanente n'est plus seulement un thème de roman d'anticipation !

Enfin, pour en revenir au débat lui-même, la manière dont a été traitée la commission particulière du débat public pose la question non pas du principe mais des modalités de participation du citoyen aux décisions en matière d'innovations technologiques. Elle soulève des débats éthiques, interroge notre relation au progrès, à l'incertitude, au rôle de l'expertise. Le fossé entre ceux qui savent et ceux qui ont peur ne se comble pas. Cette commission s'est tenue à l'honneur de tous ceux qui l'ont demandée et mise en œuvre, mais montre qu'à la fin des fins de l'expertise et de la consultation « participative » il reste la légitimité démocratique. On comprend la difficulté de choisir, mais seule la classe politique peut prendre ses responsabilités et ainsi ne plus confondre l'ordre de la connaissance et celui des choix de société. Puisse ce débat être l'occasion de réconcilier les Français avec ce monde qui se crée, non pas tant pour le subir en le rejetant, ce qui est le cas aujourd'hui, mais en les faisant participer à son devenir en orientant les usages conformément à nos valeurs, à commencer par les valeurs démocratiques.

Il ne faut jamais désespérer.

7

Grippée
La grippe H1N1 : une pandémie sauvée par le virus

« Il n'y a plus nécessité de savoir pour agir,
il suffit d'avoir peur[106]. »

On la redoutait aviaire, elle fut porcine. On la pensait asiatique, elle vint d'Amérique.

Comme toujours, une crise sanitaire surprend et, dans le cas de cette grippe « H1N1[107] », illustre l'incapacité collective, non pas à maîtriser, mais à faire face, puis à accompagner, à tenir compte, en un mot à « gérer » un phénomène sanitaire et social classique, sinon simple. Elle montre comment les aspirations contradictoires de la population, amplifiées par les gouvernants, conduisent à l'effilochement du tissu social en général et à celui du

106. Georges David, Guy Nicolas, Claude Sureau, « La médecine et le principe de précaution », *Rapport de l'Académie de médecine*, Paris, adopté le 17 octobre 2000.

107. Ce label H1N1 désigne deux gènes du virus. Le premier (H1) permet au virus de pénétrer dans la cellule, le second (N1) est celui qui, une fois répliqué en grand nombre, lui permet de sortir des cellules infectées.

système de santé en particulier. En cherchant à protéger la population, on l'infantilise, on la méprise.

En effet, voulant traiter à n'importe quel prix, par des instructions bureaucratiques, un problème à la fois médical et social, l'Etat oublie que les faits ne se conforment pas toujours aux hypothèses qui guident l'action publique. Il arrive aussi, même avec les meilleures intentions du monde, que les mesures imposées remettent en question les racines du système social, sans démontrer une efficacité particulière dans la prise en charge de l'épidémie.

N'importe quel prix est toujours un prix trop élevé, surtout qu'il n'est jamais exclusivement question d'argent. L'essentiel est ailleurs. La puissance publique semble en effet avoir oublié que, dans des situations complexes, il faut transmettre des valeurs et des principes, pas des règles par essence décalées et donc inadaptées, inutiles et coûteuses. Il est vrai, mais ce serait aujourd'hui trop demander, que cela implique de faire confiance aux acteurs de terrain pour la mise en œuvre de ces politiques.

Certes, et ce cas n'en est que plus intéressant, la ministre de la Santé de l'époque, Mme Roseline Bachelot, a voulu bien faire. Elle a aussi cherché, consciente des problèmes judiciaires de ses prédécesseurs, à se protéger. Il est difficile de l'en blâmer. Qui se serait comporté autrement ? Elle n'aura donc été que l'instrument prudent, éloquent et bien intentionné des croyances et des aspirations contradictoires de notre époque, une cristallisation de l'esprit du temps. Terrifiante bien-pensance !

Ainsi, en l'espace de quelques mois, aura été créé un système de santé spécifique pour la prise en charge d'une maladie, contagieuse certes, mais moins grave que bien d'autres, le sida par exemple. Le ministère de la Santé aura commandé, avec de l'argent public qu'il n'avait pas, 94 millions de doses de vaccin, le tiers des réserves mondiales de Tamiflu (330 millions de doses), médicament antiviral, et 1,7 milliard de masques. Il a également conçu et organisé un accompagnement publicitaire et une campagne de vaccination en ouvrant 1 080 centres dans des lieux qui n'avaient, pour la plupart, aucune destination sanitaire, dramatisant par ce signe exceptionnel la gravité de l'épidémie. Il l'a fait avec du personnel dont il ne disposait pas plus qu'il n'avait d'argent. Il l'a réquisitionné, faute de vouloir faire appel aux médecins généralistes qui, jusque-là, prenaient pour l'essentiel en charge ce type d'épidémie. Il a enfin considéré qu'il fallait regrouper la population pour la vacciner en série, or regrouper en un point un nombre important de personnes en période d'épidémie est pour le moins discutable. Pourquoi d'un côté fermer les écoles et de l'autre ouvrir les centres de vaccination. Logique ?

En quelques mots, comme l'a dit la ministre, il a été « organisé la plus grosse opération de santé publique ». La plus grosse ? Peut-être. La plus onéreuse ? Vraisemblablement. Mais avant de considérer que la plus grosse et la plus chère soit aussi la meilleure, il convient d'en débattre.

De la peur des gouvernants d'être un jour poursuivis naît leur volonté de se protéger. Cette protection ne peut se concevoir par eux que si les moyens ne sont pas limités et si leur pouvoir, et donc leur capacité de contrôle, est absolu. Par essence, ce désir de contrôle évacue toute confiance et induit donc la création d'une bureaucratie nouvelle. Cette défiance, bien entendu, n'échappe pas au public, d'autant que toutes les « précautions » veulent être prises par l'équipe ministérielle et tous les doutes levés, tâche impossible au sens fondamental du terme. L'inquiétude se renforce alors et, dans le cas de ce vaccin, se porte en priorité sur l'adjuvant[108] dont on va douter de l'innocuité. Désemparé, ne sachant que penser, le public se retourne vers ses conseillers habituels : les médecins traitants. Mais ces médecins traitants, aux mérites tant vantés, viennent d'être mis à l'écart, comme l'ensemble de leurs confrères libéraux : ils ne peuvent pas vacciner dans leur cabinet. Sollicités par leurs patients, ces médecins font part de leurs interrogations, justifiées ou non, peu importe à ce stade. L'inquiétude ne disparaît pas, elle s'accroît. L'épidémie n'est encore, en France, qu'un objet de débat. La vaccination n'est pas obligatoire. La charge de la décision pèse cependant sur chacun et est d'autant plus angoissante que la personne concernée a charge de famille. Qui croire ? Que faire ? En qui peut-on avoir confiance ? En son médecin mis sur la touche, en ses amis, en Internet, reflet de la diversité des opinions, où l'on trouve tout et son contraire ?

Au début de cette campagne menée par voie de presse, à l'instar de la « drôle de guerre », rien ne se passe : les réquisitionnés font des dizaines de kilomètres pour se retrouver dans des salles de sport vides, la population ne bouge pas et n'a pas l'intention de le faire. Puis, quelques cas mortels de détresse respiratoire font la une des journaux. L'opinion change. Les cabinets des médecins traitants croulent sous les appels, et les consultations non programmées emplissent les salles d'attente. A ceux qui ne les avaient pas encore consultés, ces praticiens qui, jusque-là, prenaient en charge les grippes saisonnières et les autres épidémies, ne peuvent, une fois encore, que faire part de leur conseil, en même

108. Le squalène, produit connu, pour lequel il existe un recul d'une dizaine d'années. Il n'a produit de réactions graves que sur un cas pour 200 000, ce qui est négligeable par rapport à son bénéfice. C'est aussi l'occasion de rappeler que seuls les produits thérapeutiques inefficaces (eau, mie de pain, sucre...) ou inexistants (homéopathie) sont sans risque ! Mais, « principe de précaution » ou pas, les produits efficaces ont toujours un risque, fût-il minime.

temps qu'ils les informent de leur incapacité à agir. Les patients s'étonnent de cette contrainte aussi inhabituelle que surprenante car, jusque-là, on leur avait vanté la qualité du médecin de famille. Leur solitude et leur angoisse s'accroissent. Un vague prétexte de conditionnement du vaccin par dose de dix, argument utilisé pour organiser ce circuit spécifique, ne peut pas être pris au sérieux : comme si un généraliste ne pouvait pas programmer dix vaccinations de suite un ou deux jours de la semaine ! Comment alors, quand on est le parent d'un enfant « prioritaire » (moins de six ans), agir dans cette cacophonie où circulent les conseils avisés et les rumeurs farfelues ?

Les plus rationnels, se souvenant qu'ils ont été eux-mêmes un jour vaccinés et qu'ils ne s'en sont pas trop mal portés depuis, se rendent vers leur centre de vaccination dès qu'ils reçoivent leur « bon ». Les réquisitionnés sont alors subitement débordés, les familles attendent plusieurs heures. Des nuées d'enfants se retrouvent dans un lieu clos et ainsi, parfois, à l'instar de deux de mes petites-filles, y attrapent... la grippe. Cette double immunisation les protégera de ce virus H1N1, mais elles n'auraient vraisemblablement pas attrapé de grippe chez leur médecin traitant. Et, si cette grippe avait été grave – elle aurait pu l'être –, mon humour détaché se serait certainement transformé en indicible colère.

La première vague d'épidémie passe. Une étude réalisée, fin décembre 2009, à Marseille, chez deux mille femmes enceintes, indique que dans 50 à 80 % des cas, contre 30 à 40 % dans les grippes saisonnières, le virus n'a pas provoqué de syndromes grippaux. Autrement dit, plus de la moitié de ceux qui ont eu la grippe ne s'en sont pas aperçus. Les vaccins commandés sont, pour la plupart, inutilisés. Le corps médical désavoué est furieux : l'Etat n'a pas voulu lui faire confiance et les patients ont été laissés à eux-mêmes. En fait d'économie supposée pour éviter le gâchis de fractions de doses conditionnées par paquets de dix, le gâchis réel se chiffrera en dizaine de millions de vaccins achetés et non utilisés.

Le scandale éclate le 4 janvier 2010. La ministre annonce au journal de 20 heures sur TF1 la résiliation des commandes de 50 millions de doses. « Ces commandes n'avaient été ni livrées, ni payées, elles sont donc résiliées. » Il paraît clair cependant qu'elles ont été commandées et qu'en la matière une résiliation se traduit toujours par une indemnisation, quelle qu'en soit la forme ! De surcroît, les généralistes qui avaient été exclus sont réintroduits dans la campagne de vaccination. Ils renâclent. Le dommage n'est pas que financier. En effet, bien après cette péripétie, plus tard, la méfiance demeurera, et avec, le mépris de l'Etat. La droite, en court-circuitant les médecins libéraux, non seulement désavoue un de ses appuis politiques, mais lui substitue une bureaucratie onéreuse à l'efficacité incertaine. La confiance construite en des décennies se délite en quelques semaines. De surcroît, le public suspecte encore davantage le bienfait des vaccins. Les déficits publics se creusent un peu plus. La France, malgré ses efforts particuliers, n'est pas plus épargnée que d'autres pays par l'épidémie.

Dans les lignes qui vont suivre, toujours à partir de ce cas, nous allons essayer d'expliquer comment les croyances nouvelles et des droits nouveaux, en voulant protéger la personne, fragilisent le citoyen, comment et pourquoi la démocratie est atteinte d'une maladie auto-immune, ou, pour paraphraser une fois encore Marcel Gauchet[109], se bat contre elle-même et va à sa perte.

Ainsi conçue, la guerre contre la grippe, fût-elle H1N1, ne semble pas plus efficace que celle déclarée par George

109. Marcel Gauchet, *La Démocratie contre elle-même*, « Tel », Gallimard, 2002.

Bush à Saddam Hussein. Les techniques utilisées pour « la plus grosse opération de santé publique », afin de convaincre les Français de l'utilité de ce combat, s'apparentent à celles imaginées pour persuader les Américains et les Anglais du bien-fondé de la seconde guerre d'Irak. Dans les deux cas, il a fallu distinguer un risque et en magnifier le danger afin de construire une légitimité permettant de mobiliser des moyens exceptionnels. Une fois la guerre déclenchée, l'on constate, dans ce cas aussi, que l'ennemi s'est dérobé et que des dégâts collatéraux sont considérables sans que le gouvernement puisse se désavouer ou se désengager ayant autant, et si bien, attiré l'attention sur lui. On peut certes toujours prétendre que les choses auraient été pires si rien n'avait été fait, affirmation imparable car elle ne peut pas être formellement démentie. Mais, en revanche, ce qui est certain, c'est qu'une action de précaution unidimensionnelle qui s'apparente à un acte de guerre fait fi de l'existence d'un système social, complexe préexistant. Il ignore que la gestion d'une épidémie est autre chose que l'achat de vaccins, de masques et de Tamiflu. Une épidémie est certes un phénomène médical, mais sa gestion est avant tout un phénomène social. L'ignorer conduit à ce que si le marteau tue parfois la mouche, il détruit toujours l'objet fragile où celle-ci s'était posée. Une précaution ici peut donc se traduire par un effet dévastateur là.

La campagne contre la grippe avait été imaginée pour une grippe dangereuse, le virus H5N1, mais son cousin, le virus H1N1, nouveau virus certes, n'aura, expérience faite, qu'une virulence (presque) classique. Les plans originaux, prévus pour le cas grave, ont été appliqués pour H1N1. En fait de protection, ils ont surtout protégé la ministre, mais ont-ils protégé les Français et épargné le système de santé ?

Commençons tout d'abord par quelques rappels scientifiques et techniques pour comprendre quelques-unes des hésitations et ainsi mieux apprécier les décisions qui ont été prises. Ils sont pluridimensionnels, et notamment virologiques, médicaux, économiques et épidémiologiques.

Le virus de la grippe infecte les hommes, les porcs et les oiseaux. Il peut, dans certains cas, passer d'une espèce à l'autre, le plus souvent grâce à une nouvelle mutation. Ainsi, outre les virus connus et répertoriés, arrivent chaque année de « nouveaux » virus. La prudence s'impose alors car l'on ne peut pas connaître *a priori* leur degré de contagiosité[110] et leur létalité. Seule l'expérience des épidémies passées permet d'estimer ces paramètres, comme c'est le cas des virus de la grippe saisonnière, virus du type H3N2, qui sont certes familiers mais pas toujours anodins.

La crainte est donc née du virus H5N1, celui de la grippe aviaire, détecté dès 1994, mais devenu source sérieuse d'inquiétude quand ont été constatés à Hong-Kong en 1997, chez des personnes infectées, des premiers décès aussi soudains que sans thérapie connue. Depuis, cette grippe aviaire n'a cependant représenté pour l'homme qu'un danger limité. En effet, encore en 2010, le virus ne se transmet qu'aux humains en contact direct avec un animal malade. S'il est donc transmissible d'animal à homme, il n'est pas contagieux d'homme à homme. Toutefois, son taux de létalité demeure très élevé : il est mortel dans presque 50 % des cas. Il est possible, et même vraisemblable, qu'il – le H5N1 – devienne un jour « humain ». Les spécialistes pensent qu'il ne s'agit que d'une question de temps. « Etant donné l'histoire de la grippe, la plupart des experts évaluent à 100 % les risques

110. La contagiosité se mesure par le nombre moyen de personnes infectées par une personne porteuse du virus. La létalité indique le pourcentage de décès dans la population des personnes infectées.

que le monde soit touché par une nouvelle pandémie grippale[111]. » Le virus muté issu de H5N1, et vraisemblablement encore virus H5N1, conservera-t-il alors son taux actuel de létalité ou aura-t-il un taux de létalité élevé, tout en étant aussi contagieux ? Personne ne sait ni où, ni quand cette éventualité se produira[112], mais la probabilité que le virus demeure très dangereux est élevée. La grippe est donc une affaire grave, sérieuse, d'autant que les hommes se déplacent plus et plus vite qu'hier, et avec eux leurs parasites. La grippe espagnole de 1918 fit le tour du monde en six mois, aujourd'hui six jours suffiraient pour atteindre les lieux les plus reculés de la planète.

C'est dans ce contexte qu'au printemps 2009 apparaît le virus H1N1, qui a une tout autre histoire. Il vient à la fois du porc, des hommes et des oiseaux. En 1998, un nouveau virus de porc (H1N2) se manifeste. Il est la recombinaison de trois sources de virus : un virus de porc « classique », un virus aviaire et le virus humain saisonnier (H3N2). Ce virus de porc mute à nouveau pour fabriquer un autre virus, toujours de porc (H3N2), qui, recombiné avec le virus de porc saisonnier euro-asiatique, fabrique un virus humain H1N1 qui apparaît au Mexique au printemps 2009. Personne ne sait dans quel hôte s'est fabriquée la recombinaison entre six gènes du premier, triple réassortiment du virus de porc H1N2[113], et deux gènes du virus de porc euro-asiatique traditionnel pour en faire un virus humain. Il est ridicule de prétendre, comme le font de nombreux écologistes ou altermondistes, que ces mutations aient été favorisées par l'existence d'élevages industriels, comme si

111. Martin Enserink, *Science*, 5 août 2005.
112. Le virus de la grippe espagnole a mis dix-neuf années pour muter.
113. Il ne peut donc être qualifié de porcin, comme il ne peut être qualifié de « mexicain », même si c'est dans ce pays qu'il a été pour la première fois repéré.

l'agriculture traditionnelle asiatique n'accroissait pas plus les contacts entre les hommes, les porcs et les volailles que des élevages de porcs, fussent-ils industriels, du Mexique ou d'ailleurs ! A ma connaissance, les épidémies de grippe partent encore rarement des départements bretons qui concentrent cependant sur quelques cantons 40 % des élevages de porcs de la France[114] !

Cela dit, l'appellation grippe « A » et non pas « grippe porcine » est donc totalement justifiée puisque ce virus vient, certes des porcs, mais aussi des hommes et des oiseaux. Après la première épidémie des années 2009 et 2010, que va devenir ce virus ? Il ne va pas disparaître. Il peut, c'est le plus probable, demeurer hautement contagieux et pas particulièrement létal. Il peut aussi devenir plus létal et demeurer tout aussi contagieux. Il peut enfin devenir moins contagieux en gardant sa faible létalité, et alors, dans ce dernier cas, l'épidémie s'arrêtera.

En 2010, l'hypothèse la plus vraisemblable est qu'il continuera d'infecter de nombreux humains sans en tuer un pourcentage particulièrement élevé ; mais, du fait de sa contagiosité, ce faible pourcentage représentera des nombres importants à l'échelle mondiale. Les chiffres du début 2010 ne représentent en effet que les décès de la première vague. En général, les épidémies de grippe, comme les facteurs, frappent toujours (au moins) deux fois.

La grippe n'est pas prévisible, et cette variété-là pas plus que les autres. Si elle s'étend en Grande-Bretagne au début de l'été 2009, ce n'est pas le cas alors dans les autres pays européens, et si, plus tard, elle semble battre son plein en

114. Je n'évoque pas non plus les théories du complot qui circulent sur Internet et prétendent que ce virus serait né de manipulations génétiques. Le mythe de Frankenstein est toujours vivant.

France au début du mois de décembre 2009, elle paraît se ralentir à la même époque dans les autres pays de l'Union.

En France, au cours d'une année moyenne sinon « normale », une épidémie de grippe tue environ 2 500 personnes. Pour ce qui est de H1N1, le 29 décembre 2009, entre 6 et 8 millions de personnes ont eu cette grippe[115]. Le 14 janvier 2010[116] 5,4 millions de Français ont été vaccinés[117] et l'on recensait 246 décès. Ce chiffre sera porté à 312[118] au 13 avril 2010[119]. On est donc loin des 30 000 morts provoquées en France par la grippe de Hong-Kong en 1968-1969.

D'autant que ces chiffres sont des estimations. Tous les syndromes grippaux ne sont pas dus au virus de la grippe, et beaucoup de personnes infectées ne s'en aperçoivent pas ; elles ne sont pas, au sens clinique, « grippées ». Une étude britannique d'Elizabeth Miller[120] basée sur l'analyse sérologique de 1 500 personnes à une année d'intervalle démontre en effet que des syndromes grippaux ne sont apparus que dans un cas sur dix, plus encore qu'à Marseille en somme ! Cette grippe a donc surtout été asymptomatique. Les enfants ont été les plus atteints car ils n'étaient pas immunisés, et l'école, pour des raisons évidentes de promiscuité, favorise la diffusion des épidémies. Il était donc justifié qu'ils soient prioritaires.

---

115. Source Institut de veille sanitaire (InVS), d'autres sources donnent des chiffres deux à trois fois supérieurs. Ces derniers sont vraisemblablement plus proches de la réalité.

116. *Ibid.*

117. Source direction de la Direction de la sécurité civile.

118. Dont 263 avaient un autre facteur de risque : insuffisance cardiaque, diabète, affection respiratoire...

119. Vaux S. *et al.*, « Dynamique et impact de l'épidémie A (H1N1) 2009 en France métropolitaine, 2009-2010 », *Bulletin épidémiologique hebdomadaire*, 2010, p. 259-264.

120. Elizabeth Miller *et al.*, *The Lancet*, vol. 375, pp. 1100-1108, 27 mars 2010, édition en ligne, doi : 10.1016/S01140-6736(09)62126-7.

Mais revenons à la chronologie des événements. Le virus apparaît le 17 avril 2009 au Mexique. Fort de l'exemple du virus de la grippe aviaire, il fait l'objet de la plus grande attention, d'autant que, contrairement au virus aviaire, ce nouveau virus se transmet d'homme à homme, il est donc contagieux. Analysé par une équipe américaine, on découvre qu'il n'est ni aviaire, ni « habituel » ou « saisonnier », mais du type H1N1. Après la première alerte mexicaine, des cas se déclarent quasi simultanément aux Etats-Unis, puis, très vite, au Royaume-Uni. On en surestime la létalité car, au Mexique, pays sans réelle surveillance sanitaire, seuls les cas graves ont été déclarés. Avec ces informations, l'Organisation mondiale de la santé (l'OMS)[121] déclenche le 30 avril une alerte de « niveau 5[122] ». La France se prépare, commande massivement des vaccins, avant donc que l'OMS ne déclenche le niveau d'alerte maximum de « niveau 6[123] », crée un site Internet pour informer le public et mobilise ses services avant de déclarer que l'épidémie est arrivée en France.

Le ministère de la Santé organise tout d'abord une prise en charge systématique des patients grippés en milieu hospitalier à des fins diagnostiques, thérapeutiques, et « pour ralentir la progression du virus sur le territoire national[124] ». Dès le début juin, on sait que si le virus se révèle contagieux, il est le plus souvent bénin et peu létal, même s'il peut provoquer dans de rares cas de profondes détresses respiratoires, notamment chez certains adolescents. Pourtant, le 11 juin 2009, l'Organisation mondiale de la santé

121. A la fin décembre de l'année 2009, la directrice générale de cette institution avouera qu'elle ne s'est « pas encore » fait vacciner !

122. Il y a six niveaux.

123. Note « confidentielle » du ministère de la Santé du 11 mai 2009, mise en évidence par le député Gérard Bapt, *Espace social européen*, 18-24 juin 2010, n° 944.

124. Lettre de la ministre de la Santé aux médecins, datée du 15 juillet 2009, mais en partie contestée pour l'effet « protecteur » de cette politique.

annonce une pandémie mondiale et déclenche le niveau d'alerte 6. La France s'en tient au niveau 5 mais a commandé, on le saura plus d'un an après, vaccins, médicaments et masques, comme si la gravité de l'épidémie le justifiait.

Les médecins libéraux, jusque-là exclus des soins[125], sont autorisés à prendre en charge les grippés, pas encore à les vacciner. La gestion de l'épidémie, certes dramatisée, semble à la fois prudente et souple. Mais, nous venons de le voir, ce n'est pas le cas si les commandes ont bien été passées en mai 2009. Car fin juin, le risque potentiel ne s'est pas révélé aussi dangereux qu'on pouvait le craindre. Il fallait alors changer de stratégie, ce qui ne fut pas le cas.

Les événements vont prendre une tournure plus discutable encore quand il va s'agir de résoudre les questions posées par la vaccination. Fin juillet 2009, le cap des 100 cas est dépassé et le premier décès déclaré. Fin août commence la campagne d'information, la vaccination ne débute que le 20 octobre. Entre-temps, l'inquiétude aura monté et la polémique se sera envenimée.

La première interrogation qui se diffuse jusqu'au public va consister à se demander s'il faut, ou non, vacciner les enfants et les femmes enceintes avec le même vaccin que les adultes. En effet, il est théoriquement – théoriquement, j'insiste – possible que l'adjuvant utilisé pour potentialiser les réactions immunitaires de ce vaccin produise dans quelques cas infimes, nous l'avons vu, un syndrome de Guillain-Barré[126]. Chacun se remémore alors les problèmes de Gérald Ford, à l'époque président des Etats-Unis, qui, à l'occasion d'une épidémie de grippe, rendit la vaccination obligatoire pour une partie de la population de son pays. Il commanda

125. Il ne s'agit pas encore de la vaccination.
126. Maladie auto-immune du système nerveux périphérique.

65 millions de doses de vaccin, mais dut interrompre cette campagne car on lui attribua, sans preuve, l'apparition de dix cas de Guillain-Barré. S'ils furent recensés à l'occasion de cette campagne de vaccination, ils ne furent vraisemblablement pas induits par elle, mais le doute planait. La presse s'en empara, les vaccinations durent s'interrompre et les vaccins jetés. Gérald Ford, pour cette affaire, dit-on, perdit l'élection présidentielle au profit de Jimmy Carter.

En France, trente-trois ans plus tard, il a donc été décidé que les femmes enceintes seraient vaccinées sans adjuvant, mais comment justifier ce choix si l'adjuvant est pratiquement sans danger ? On voit bien là une dérive classique du principe de précaution, on prend une mesure particulière non pas parce qu'il est dangereux mais parce que l'on pense qu'il pourrait l'être, et, ce faisant, l'angoisse s'installe. En Allemagne, les choix en la matière sont encore plus discutables, car ce même vaccin sans adjuvant a aussi été réservé aux hauts fonctionnaires, militaires et cadres du système de santé... Une violente polémique s'est ensuivie.

De ce côté du Rhin, la seconde annonce d'importance va être celle de la commande de vaccins, rendue publique en juillet, deux mois après leur passation effective. La ministre souhaite être prioritairement livrée. Afin de déterminer la quantité à commander, il faut décider qui doit être vacciné et comment. Faut-il vacciner tout le monde ? Doit-on administrer une ou deux doses[127] et, dans ce dernier cas, à quel intervalle ? Le 15 juillet 2009, les réponses ministérielles frappent par leur simplicité : il convient de vacciner tout le monde, à trois semaines d'écart, et comme 20 % de la population refusera de se faire vacciner[128], il faut donc commander 94 millions de dose, chiffre précis. De surcroît,

127. L'Agence européenne du médicament rappellera encore le 23 octobre 2009 qu'il faut deux doses.

128. D'où vient ce chiffre ? Pourquoi 20 % et pas 10 % ou 40 % ?

comme si cette grippe H1N1 était aussi létale qu'une grippe aviaire, il convient de bâtir au plus vite une organisation spécifique pour la vaccination de la population. Ces 94 millions de doses représentent, soulignons-le encore, 10 % de la capacité mondiale de production de vaccins, or les Français à tête folle ne représentent que 1 % de la population mondiale. Ils ne s'arrêtent pas là d'ailleurs, car ils commandent et stockent également un tiers des réserves de Tamiflu du monde dont l'utilisation, jusqu'en octobre 2009, sera réservée. Les restrictions ne seront levées qu'en décembre. L'épidémie s'en allait, la demande était faible et, selon les normes en vigueur à l'époque, toutes ces pilules ont été, en principe, périmées en mai 2010 !

Si le chiffre des commandes impliquait que 80 % des Français seraient vaccinés à deux reprises, il n'a pas été précisé pourquoi. Etait-ce « évident » ? On a la tentation de répondre : oui, pour être immunisé et donc protégé de la maladie et de ses complications, et, par ailleurs, éviter que le virus, en se répandant, ne mute et devienne plus dangereux. Peut-être. Soulignons tout d'abord que cette évidence fait fi du colloque singulier entre un médecin et son malade. En effet, un médecin ne décide en général pas de vacciner comme cela, sans connaître la personne, son histoire médicale, sa fragilité, mais, à ce stade, passons. La raison profonde, semble-t-il, était autre : pour étaler les hospitalisations. Il ne s'agissait donc ni de protéger les personnes les plus fragiles perdues dans la masse des 80 %, ni de freiner la diffusion du virus. En effet, en France, les complications peuvent être prises en charge, et soignées, par le système hospitalier. Du point de vue de l'organisation du système de santé, l'enjeu essentiel de la vaccination n'était alors pas tant l'immunisation généralisée de la population que l'étalement de l'épidémie. Afin d'éviter un afflux de patients à l'hôpital, il ne fallait pas que tout le monde soit malade en même temps. En réalité, nous l'avons vu, à la fin de l'année 2009, en ne comptant que les cas déclarés, l'épidémie était allée au moins deux fois plus vite que la vaccination sans que le système de soins ne se trouve, par exemple, dans la situation de la canicule d'août 2003. Imaginons ce qui se serait passé si le virus avait été méchant !

Car les vaccins, ce n'était pas difficile à prévoir, n'ont pas tous pu être livrés au début de l'épidémie, le virus, c'est regrettable, n'a en effet pas eu la politesse d'attendre. La question des priorités s'est alors posée en France, comme ailleurs, même si on a prétendu l'éviter en annonçant que l'on vaccinerait tout le monde, ou presque. Par qui commencer ? Le gouvernement choisit pour ses priorités, dans l'ordre : l'entourage des enfants de moins de 6 ans, les personnes fragiles, les femmes enceintes, les enfants de 6 à 23 mois, les enfants d'âge scolaire et le reste de la population.

Tout cela paraît sage, mais, ce faisant, ces décisions placent la France dans une logique qui n'est plus celle de la vaccination systématique et immédiate de toute la population. La France, si j'ose dire, redevient « normale » et, à l'instar d'autres pays européens, s'intéresse à la vaccination des personnes à risque. Pourquoi alors avoir commandé tant de vaccins et créé un système de vaccination parallèle, alors que l'on pouvait s'appuyer sur les médecins généralistes ?

Un « gros » marché (de 712 millions d'euros[129]), pour reprendre le qualificatif, ici justifié, de la ministre, est passé auprès de quatre grandes firmes multinationales, dont une française. Ce qui conduit alors l'opposition à s'interroger sur la nature des contrats. Certains parlementaires demandent à les examiner, puis l'exigent faute d'avoir reçu de réponse comme la loi les y autorise. L'un d'eux, Gérard Bapt, se rend même physiquement au ministère de la Santé pour les obte-

129. Plusieurs chiffres ont été donnés sur le montant de ces seules commandes et vont de 700 à 856 millions ; ils ne couvrent pas le coût de la prise en charge qui en double (au moins) le montant.

nir, sans succès immédiat d'ailleurs. Il n'en obtiendra communication que vingt-quatre heures plus tard. Ceux qui ont pu les consulter disent qu'ils sont « classiques » et qu'ils n'auraient pour particularité notable que celle d'exonérer, en cas d'accident, les fournisseurs d'une partie des responsabilités habituelles en la matière, ce qui n'est pas rien. Il semblerait donc que si l'on a perdu au moins un demi-milliard d'euros, c'est en toute légalité. Rassurant.

La question des contrats prendra plus tard un tour international quand des parlementaires européens suspecteront des experts de l'Organisation mondiale de la santé (OMS) d'être un peu trop proches des industriels fabricants de vaccins. Ils auraient en effet contribué à dramatiser une épidémie qui, il est vrai, n'a pas trop inquiété la directrice générale de cette grande organisation internationale. En effet, bien que son métier la conduise à beaucoup voyager et que, à ce titre, elle ait une chance élevée de croiser le chemin du virus, elle ne s'est pas fait vacciner, « faute de temps », nous l'avons vu.

La dramatisation de l'épidémie qui frappe plus les catégories modestes que les favorisées[130], le désaveu symbolique de la médecine libérale, la réquisition des médecins hospitaliers pour réaliser des actes simples alors que des malades graves les attendent à l'hôpital, l'absence de compréhension par le public des bienfaits et des risques de la vaccination, la relative bénignité du virus... tout cela a contribué à faire encore reculer en France l'image de la vaccination et celle de l'Etat. Et, surtout, n'a pu que susciter des inquiétudes devant l'incapacité à gérer socialement une crise. La bataille de la communication a été perdue le jour où les médecins ont été discrédités et l'opinion affolée par les précautions

130. *L'Express*, 1er août 2009, sondage réalisé par l'IFOP pour *Dimanche Ouest-France*.

incompréhensibles sur l'adjuvant. Supposons, une fois encore, que le virus ait été moins coopératif !

Pour la vaccination, le dossier était déjà lourd. La première mise en cause sérieuse remonte en effet à 1998 quand Bernard Kouchner, alors ministre de la Santé, décida de laisser aux Français « à risque » le choix de se faire, ou de ne pas se faire, vacciner contre l'hépatite B par crainte des conséquences potentielles des effets de ce vaccin sur l'apparition de sclérose en plaques. Pourtant, déjà à l'époque, malgré ces risques potentiels, les experts recommandaient de faire vacciner les personnes à risque tant les bénéfices étaient supérieurs aux risques hypothétiques. Depuis, en effet, l'hypothèse a été levée, il a été démontré que les craintes étaient sans fondement, mais la liberté de choix d'être ou de ne pas être vacciné demeure, et avec elle environ deux mille cas de cancers du foie qui se produiront, alors qu'ils auraient pu être évités grâce à la vaccination.

Cette décision, bien dans la ligne du choix du patient souverain érigé en dogme, pose un problème dont il faut débattre démocratiquement, ce qui ne veut pas dire que chacun a seul la responsabilité de son choix. La solution du choix individuel est en effet lourde de conséquences. Le « débat démocratique », réclamé par beaucoup, devrait porter sur l'obligation (ou la non-obligation[131]) de se faire vacciner, sachant que la non-obligation conduit assez vite à l'abandon de la vaccination et une reprise de l'épidémie. Le cas de l'hépatite B l'illustre.

Le problème de la vaccination est simple, mais difficile à résoudre dans une société médiatique et individualiste. En effet, les bénéficiaires de la vaccination sont bien por-

131. Ou tout au moins la forte incitation systématique.

tants et n'attribuent leur bonne santé qu'à leur mérite propre, oubliant l'époque où, enfants, ils se firent vacciner. Ces bénéficiaires se comptent en dizaines de millions. En revanche les victimes d'accidents vaccinatoires, réels ou supposés, peuvent se constituer en association, être les hôtes de programmes télévisuels et illustrer le danger de cette méthode préventive. Bien entendu leur cas est dramatique et la société a une dette à leur égard. Faut-il pour autant abandonner toute vaccination ou, ce qui revient très vite au même, abandonner toute forte incitation à la vaccination ? En effet, dans un pays où tout le monde est vacciné, chacun n'a pas intérêt à l'être. Même si la probabilité est infime (de l'ordre de 1/50 000), le risque d'un accident vaccinatoire n'est jamais nul et, de surcroît, le vaccin des autres protège celui qui n'est pas vacciné. Si chacun raisonne ainsi, ce qui est logique, le nombre de non-vaccinés s'accroît et l'épidémie reprend. La somme des intérêts individuels est différente des intérêts collectifs, et la décision individuelle[132] n'est pas celle qu'il faut défendre, car elle est lourde de conséquences collectives.

Ajoutons qu'une partie du corps médical, « médecin à exercice particulier » (MEP), pour reprendre l'euphémisme de l'assurance maladie, défenseurs des médecines alternatives ou tout simplement opposés à toute vaccination, constituent une minorité non négligeable. Ainsi, pour ce qui est de leur propre vaccination, 6 % des médecins libéraux en contestaient l'utilité en juillet 2009, et, curieusement, ce pourcentage avait doublé pendant l'été pour atteindre 12 %, ce qui ne plaide pas pour l'efficacité de la campagne ministérielle d'information ; à moins que ces médecins n'aient fait preuve de sagesse en ne considérant plus ce risque comme étant majeur.

132. Cette situation, connue des économistes et praticiens de la théorie des jeux, s'appelle le « jeu du prisonnier ».

Enfin, l'ouverture de 1 080 centres de vaccination *ad hoc*, en excluant pendant plus de deux mois la médecine de ville, tout en réquisitionnant les moyens hospitaliers en dehors de leur enceinte, a nui à la vaccination. Du point de vue de la personne désirant se faire vacciner, elle devait être suffisamment convaincue pour se déplacer, souvent loin, parfois plusieurs fois si les enfants avaient des « priorités » différentes, pour attendre et, enfin, être accueillie par des gens qui, réquisitionnés, faisaient comprendre qu'ils aimeraient mieux être ailleurs, même si tous n'avaient pas été conduits entre deux gendarmes pour se rendre dans des gymnases vides. Le ministère de l'Intérieur avait estimé qu'en raison de son système collectiviste la vaccination coûterait 5,8 euros en centre, moins cher donc que le tarif d'une consultation chez le généraliste conventionné (22 euros). J'adore ces politiques basées sur une règle de trois. Leur simplicité mathématique dissimule toujours la précarité des hypothèses. Il est très vraisemblable que ce résultat de 5,8 euros a été obtenu après un calcul qui faisait non seulement l'hypothèse que 80 % des Français iraient se faire vacciner deux fois, mais aussi qu'ils ne consulteraient jamais leur médecin traitant avant de se rendre docilement dans ces centres.

Bien entendu, je regrette ce gâchis d'argent public, mais cette démonstration de l'inanité du principe de précaution me ravit. Quand se rendra-t-on compte que, par essence, il est impossible, en cas « d'incertitude », de prendre des mesures « proportionnées » ? Elles ne peuvent être que disproportionnées. C'est sur l'incertitude qu'il fallait communiquer et laisser plusieurs possibilités ouvertes, en attendant de constater l'évolution.

La formule de la vaccination au cabinet du médecin était pourtant facile pour les malades, souple et vraisemblablement moins coûteuse pour la collectivité, et que l'on ne raconte pas que les médecins libéraux étaient incapables de conserver au frigidaire les doses de vaccin ! Quant aux médecins réquisitionnés qui se sont trouvés dans des gymnases, sans gants, avec des seringues pas toujours adaptées et ayant dû, quand ils étaient hospitaliers, retarder leur programme opératoire et leurs consultations, il n'est pas certain qu'ils en aient tiré une très haute idée des capacités organisatrices de l'Etat et, plus grave, de l'estime qu'avaient pour eux les pouvoirs publics.

Durant la première phase de la campagne de vaccination de novembre 2009 à janvier 2010, les généralistes n'étaient pas complètement exclus du dispositif car, sous certaines conditions, ils pouvaient vacciner des malades à domicile. Mais nous allons voir quelles étaient ces conditions !

Pour se rendre compte du côté bureaucratico-caporalistico-soviético-ridicule des instructions données, malheureusement signes de mépris, alors qu'elles devraient n'être que l'objet de franche rigolade, il faut lire le document ministériel intitulé : « Vaccination des personnes non mobiles à domicile – Modalités de vaccination par le médecin généraliste sur ordre de réquisition ». Elle précise que le médecin doit : « Partir du cabinet avec sa trousse d'urgence[133], récupérer au centre de vaccination quatre documents (j'abrège en ne précisant pas la nature de chacun de ces imprimés), faire autant d'exemplaires des documents que de vaccins à faire, prendre les vaccins nécessaires (vaccins préalablement reconstitués dans le centre pour le Pandemix[134]), le matériel d'injection, la boîte à DASRI de deux litres, une glacière, un thermomètre et une fiche de traçabilité de la chaîne du froid, une

133. Remarquons cependant qu'on ne lui précise pas qu'il faut ouvrir la porte de son cabinet avant d'en sortir. Quelle légèreté !

134. On pouvait effectivement les oublier, alors que l'on a fait des kilomètres pour cela ! Il est bon de le rappeler.

plaque eutectique (pack réfrigérant), ne pas mettre en contact direct avec le vaccin le pack réfrigérant... » Ce n'est que la première page d'un document qui en comporte quatre autres. Elles décrivent avec le même degré de détail ce qu'il faut faire chez le patient et au retour au centre de vaccination. Vraiment, on se demande comment ces pauvres médecins, qui, jusque-là, vaccinaient chaque année de l'ordre de 10 millions de personnes pour la seule grippe saisonnière, pouvaient faire sans avoir reçu de telles instructions ! On peut en rire, on a aussi le droit d'en pleurer.

Un autre cristal de délire administratif se déguste – mais le goût est amer – en prenant connaissance d'une note des deux grandes directions du ministère de la Santé aux chefs de service de médecine accueillant les malades atteints du virus du sida (VIH)[135]. Elle rappelle, jusque-là ça va, que le Haut Conseil de la Santé publique recommande la vaccination par un vaccin avec un adjuvant selon un schéma à deux doses. Puis elle demande à ces services de contacter toutes les personnes vivant avec le VIH reçues dans les douze derniers mois dans leur service pour... qu'elles se rendent dans leur caisse primaire d'assurance maladie afin de retirer un « bon de vaccination », puis de se faire vacciner en se rendant au centre de vaccination dont dépend leur domicile. Bien entendu, les hôpitaux publics, après une lourde procédure, pouvaient organiser la vaccination, mais on imagine le plus grand nombre de ces malades fragiles, fatigués, se rendant dans les services administratifs d'une caisse d'assurance maladie, expliquer pourquoi ils font partie des « populations prioritaires ». On les voit en effet dans l'espace

135. Ministère de la Santé et des Sports, *Note à Mesdames et Messieurs les directeurs des établissements de soins* (pour exécution) – à l'attention des chefs de service de médecine assurant la prise en charge des personnes vivant avec le VIH – Paris le 5 novembre 2009.

accueillant et intime des bureaux des caisses d'assurance maladie, après avoir fait la queue, quand s'affiche leur numéro, dire au préposé barricadé derrière son guichet : « Bonjour, c'est moi, je suis séropositif, j'ai, m'a-t-on dit, le droit à un bon prioritaire » ; et, bien entendu, ce faisant, ne pas manquer de faire profiter toute la queue de cette information ; puis, plus tard, car ce n'est pas tout, recommencer la même opération auprès des centres de vaccination. Tant d'humanité, de considération me touchent !

Dans le même ordre d'idée, l'Association pour la recherche sur la sclérose latérale amyotrophique (SLA) a souhaité attirer l'attention des pouvoirs publics sur les difficultés des personnes atteintes de cette maladie à se rendre dans un centre de vaccination. La réponse du cabinet du ministre de la Santé et des Sports fut très… imaginative. « Pour les personnes atteintes de SLA et ne pouvant se rendre dans un centre de vaccination, il n'y a actuellement pas de moyens logistiques permettant de les vacciner. Par contre, il est possible de recourir à une stratégie de "cocooning" en immunisant ceux qui sont en contact avec eux[136]. » Autrement dit : les soignants et la famille doivent aller chercher un bon de vaccination, se faire vacciner. La lettre précise par ailleurs qu'il faut porter un masque et qu'il « est raisonnable de limiter les visites à ces patients » ! Pendant combien de temps ?

N'eût-il pas été, là encore, plus simple de laisser leur médecin traitant les vacciner, d'autant que pour ce type de malade, en cas de grippe, il peut y avoir de lourdes complications respiratoires ? On voit que les représentants de l'Etat, au nom de leurs principes, par ailleurs peu fondés, perdent toute trace de la plus élémentaire attention. Précaution ? De qui, pour quoi ?

136. Lettre du 14 octobre 2009 du « chef de pôle "politiques de santé et prévention" au cabinet de la ministre de la Santé et des Sports ».

De surcroît, la bureaucratie, aussi tatillonne, inhumaine et décalée qu'elle puisse être, ne résout pas tout, tout de suite. D'autres imprécisions existaient déjà, notamment sur les questions financières ; elles ont perduré au poini où, fatiguées, de nombreuses villes ont fait cadeau à l'Etat de l'argent qui leur était dû. En effet, qui devait payer quoi ? Le ministère de la Santé n'a payé qu'une partie des vaccins commandés ; quant au fonctionnement des centres de vaccination mis le plus souvent à la disposition par les communes, celles-ci, lassées d'attendre, en ont souvent fait cadeau à l'Etat.

La réquisition a été faite par le ministère de l'Intérieur, pour des fonctionnaires hospitaliers ou d'autres ministères, avec des moyens communaux... Personne, à l'été 2010, ne sait ce qu'aura réellement coûté « la plus grosse opération de santé publique ». Les estimations officielles variaient entre 1,5 et 2,2 milliards d'euros. En juin, les comptes étaient à la baisse par rapport à mars 2010, sans que l'on puisse savoir ce qu'ils recouvrent.

Il n'est vraiment pas facile de créer un autre système de vaccination. Soulignons en outre qu'un système qui n'a vacciné que 5 % de la population en deux mois n'aurait vraisemblablement pas protégé la population si l'épidémie avait eu la gravité escomptée.

Avec le scandale du début janvier, la politique change, nous l'avons vu. Les généralistes redeviennent des acteurs du dispositif. Le 4 janvier 2010, Mme Bachelot annonce que « dès la semaine prochaine, les médecins généralistes pourront vacciner dans leur cabinet ». Ceux-ci refusent alors de se rendre dans les centres de vaccination et demandent de revenir sinon à la raison, du moins aux habitudes, à savoir que les doses soient enfin disponibles dans les pharmacies d'officine. Certes, la ministre a raison d'appeler, toujours ce même soir, à « ne pas relâcher la garde sur la vaccination », mais le mal est fait.

Interrogés le lendemain par l'Union généraliste, 1 364 médecins répondent. Seulement 16,6 % indiquent qu'ils proposeront le vaccin à tous leurs patients, 44,2 % seulement à ceux qui le demandent, 10,6 % disent qu'ils ne le feront pas parce qu'ils ne sont pas convaincus, et 14,4 % non plus parce que les démarches sont trop lourdes. Les commentaires qui accompagnent ces résultats statistiques sont encore plus illustratifs et traduisent un profond désarroi. Certes, souvent, la raison l'emporte et plusieurs signalent que la grippe est vraiment plus dangereuse que le vaccin, que c'est une évidence en santé publique... D'autres précisent qu'ils ne vaccineront que leurs patients à risque, beaucoup remarquent qu'il est trop tard, que l'épidémie est passée ou « qu'ils n'ont pas d'information fiable, non enveloppée d'émotion [la peur], ni d'arrière-pensée politique ».

Je passe sur les commentaires peu amènes à l'égard de la ministre et le mépris ressenti. Je ne retiendrai pour conclusion que la citation suivante d'un des généralistes ayant répondu à cette enquête. « La vaccination est totalement à remettre en question : c'est le résultat désastreux, et le seul, de ce psychodrame administrativo-politique et sociologique d'une société à la dérive. » Je ne suis pas loin de partager ce point de vue si ce n'est que j'aurais écrit : « la vaccination est remise en question »...

Le 19 janvier 2010, Bernard Accoyer, président de l'Assemblée nationale, annonce que le « nouveau centre » demande une commission d'enquête parlementaire. Donnons-lui le bénéfice du doute, mais on peut craindre qu'elle soit plus à la recherche d'un bouc émissaire que d'une réflexion profonde sur la vaccination et le principe de précaution.

De ce cas, qui ne s'éteindra qu'avec ce virus, plusieurs leçons peuvent cependant être d'ores et déjà tirées. Tout d'abord, l'opinion ne pardonne aucune erreur dans le domaine de la santé. Mais étant donné ce fait social, la classe politique peut se féliciter de la chance qu'elle a de disposer de moyens *a priori* illimités. Pour le public, la question du coût n'avait alors encore aucune importance. Cette particularité nationale me fascine. Quand on parle aux Français des dépenses de l'Etat ou de l'assurance maladie, ils se comportent comme s'ils n'étaient pas concernés, comme s'il ne s'agissait jamais de leur argent, et qu'il existait une entité abstraite – « Sécu » ou « Etat » – qui n'était pas eux et dont les moyens seraient illimités. Peu importe alors que le montant de la seule commande des vaccins représente plus de 1 % de l'impôt sur le revenu de l'année, que l'argent soit emprunté et que, surtout, on aurait vraiment pu mieux l'utiliser ailleurs. Non, il semble que l'on puisse tout faire quand il s'agit de santé et que l'on est sous le feu des projecteurs médiatiques. Car, ailleurs, dans la vraie vie des hôpitaux ou des dispensaires, bien entendu, l'argent compte, bien entendu, les soins sont *de facto* rationnés, bien entendu, personne ne veut dépenser un million d'euros pour garder une personne en vie une seconde de plus. Mais constatons, une fois encore, dans ce domaine, l'infantilisme de l'opinion nourri de la « protection » de la classe politique.

Sans vouloir donner une valeur monétaire à la vie, sans être utilitariste, peut-on prétendre que le fruit du dur labeur de ceux qui cotisent à l'assurance maladie peut être dépensé sans compter ? Peut-on affirmer qu'il est financièrement impossible de couvrir tous les risques sanitaires, même les plus improbables ? Alors que chacun sait, par exemple, qu'il n'est pas envisageable d'offrir à chaque Français en fin de vie, à l'instar de certains chefs d'Etat ou de célébrités médiatiques, dix, quinze, vingt ou cinquante médecins pour prolonger leur passage sur Terre de quelques minutes, jours ou semaines. Contrairement aux pays anglo-saxons, souvent plus solidaires et équitables que nous ne le sommes, il est en France impossible d'ébaucher un débat public sur le prix des risques acceptables. L'argent dans la santé demeure un tabou. Le risque sanitaire doit être à tout prix couvert. A tout prix ! Oui, tant que les Français croient que ce n'est pas eux qui payent.

Généreux et responsables quand ils cherchent à s'offrir l'image d'eux-mêmes, la réalité du caractère national est plus nuancée, l'égoïsme semble en effet aussi, parfois, le décrire. « Pour être les premiers servis », comme l'a dit Mme Bachelot, ils ont confisqué à leur profit 10 % de la production mondiale de vaccins et 33 % de celle de Tamiflu, et étalé leur opulence devant des pays du tiers-monde qui n'ont pas les moyens de soigner les malades du sida. Marc Gentilini, président honoraire de l'Académie de médecine, parle à ce propos de « pandémie de l'indécence » et dit sa honte devant ces efforts inutiles et ces moyens si mal mobilisés.

Sur le plan de la précaution, un Etat protecteur qui couvre à tout prix ses citoyens ne peut hésiter. Ainsi, se demander si l'on doit rendre ou non la vaccination obligatoire chez les enfants, si les femmes enceintes peuvent être vaccinées avec les mêmes vaccins que le reste de la population, ou s'il convient d'administrer une ou deux doses, n'est plus toléré. L'inquiétude est créée par la confusion que l'on nie par ailleurs, pas par le risque. L'Etat doit choisir, et s'il tarde, l'angoisse de la population monte. Alors, par principe, on choisit « le meilleur », c'est-à-dire, apparemment, le moins risqué et toujours le plus cher, car c'est bien d'une question de principe qu'il s'agit. En effet, l'épidémie qui vit sa vie, bien loin de ces discussions, est facétieuse, mais les principes demeurent intangibles. Indépendante, elle ne suit pas les instructions ministérielles et, ainsi, les doses de vaccins arrivent, pour l'essentiel, après que la première vague est passée, et, dans neuf cas sur dix, inaperçue. Mais, nous dit-on, la France a pris les « bonnes » décisions, commandé 94 millions de doses et, pour certaines d'entre elles, sans adjuvant. Peu importe que moins de 10 % de la population française ait été vaccinée[137]. Mme Bachelot a bien dit : « Si c'était à refaire, je referais exactement la même chose », et elle évoque les crises sanitaires du passé, comme si le drame du sang contaminé n'avait eu lieu qu'en France, comme si ce problème n'était pas dû avant tout à l'ignorance ; mais elle sait que ce qu'elle dit est bien ce que veulent encore entendre les Français. En Pologne, au même moment, la ministre de la Santé, avec les mêmes données, redoutant avant tout une manipulation de l'opinion par les laboratoires pharmaceutiques, a décidé de ne commander aucun vaccin. A structure démographique comparable, il n'y a pas eu plus de décès en Pologne qu'en France. Il faut répéter, avec André Comte-Sponville, que la question politique n'est pas celle de la morale, mais celle de l'efficacité. A cette aune, la politique française fut catastrophique : à la fois onéreuse et inefficace si l'on compte le nombre de Français vaccinés. L'action gouvernementale s'est efforcée de conjurer le sort, mais entre 1,5 et 2 milliards d'euros, cela fait cher l'acte symbolique.

Si la couverture vaccinale était la priorité, je suis persuadé que le nombre de vaccinés aurait été bien plus grand en utilisant les procédures habituelles en la matière, autrement dit si l'on avait fait confiance aux généralistes. Mais pourquoi cela n'a-t-il pas été le cas ? Il n'était pas évident *a priori* que la volonté de précaution conduirait un jour un Etat qui se prétend libéral à une organisation,

137. 8,3 % en janvier 2010, contre 20 % aux Etats-Unis et 60 % en Suède.

sinon totalitaire, du moins militaro-bureaucratique, rigide et, par conséquent, souvent désorganisée. Mais cette issue me paraît aujourd'hui une conséquence inévitable de la croyance en la capacité de l'Etat à pouvoir protéger la population de tout risque. Les responsables ministériels sont en ligne directe, sans intermédiaire donc, face à la population et, aussi, à la presse. Ils ont déclaré leur toute-puissance pendant les campagnes électorales et craignent de paraître irresponsables. Dans un tel cas, ils ne peuvent plus prendre le risque de faire confiance aux institutions, car la confiance ne peut être décrétée : elle implique des débats, des nuances et des compromis. Ils doivent agir seuls et pour cela nier toute réalité sociale et économique préexistante. Il est alors matériellement nécessaire de se concentrer sur un risque, de le déclarer « cause nationale » afin de ne rendre compte qu'à l'opinion impressionnée par la volonté et l'abondance de moyens. Dans de telles circonstances, seules conviennent les procédures d'exception. Comme les démocraties ne les acceptent qu'en cas de guerre, il faut donc déclarer la guerre, fût-ce à un virus, pour rendre acceptable l'exception, c'est-à-dire les procédures dérogatoires et les privations de liberté. Cette guerre, comme les autres, coûte cher et fait des dégâts collatéraux. La précaution, ici, conduit au risque, là. Quand les médecins hospitaliers sont réquisitionnés, ils ne soignent pas leurs malades, mais ils améliorent le score du nombre de vaccinés, signe tangible du succès de la campagne. Mais les citoyens sentent bien aussi que cette démonstration de force est une volonté de leur imposer quelque chose qui par ailleurs, nous l'avons vu, a suscité des débats. C'est donc cette contradiction entre le discours et la méthode qui a créé le malaise. Quant aux médecins, quels qu'ils soient, ils ne raffolent pas de se mettre sous les ordres du ministère de l'Intérieur. Ils n'ont guère apprécié que certains de leurs collègues, certes récalcitrants, aient été réquisitionnés et conduits entre deux gendarmes au centre où ils étaient affectés. Ils pensent surtout que le ministère de la Police n'est peut-être pas le plus indiqué pour protéger l'intimité des patients.

Pour ce qui est enfin des campagnes de vaccination à venir, il faudra reprendre de zéro une pédagogie collective et rappeler les ravages que faisaient encore, en Europe, il y a peu, les maladies infectieuses. Enfin et surtout, cette application du principe de précaution montre qu'il n'est plus nécessaire de savoir pour agir, il suffit d'avoir peur. Quand se rendra-t-on compte, enfin, que la peur est au-dessus de nos moyens ?

Puisse cette réflexion contribuer à « crever cette bulle protectrice qui assure la double fausse protection des décideurs et des citoyens[138] », car si dans ce cas nous avons été sauvés, ce ne fut ni par le principe de précaution, ni par les décisions ministérielles. Pour gérer une épidémie il faut l'adhésion de la population et de ses élites – le corps médical dans ce cas –, et elle a manqué. Il semble alors que l'on doive tout au virus qui, pour l'instant, à l'instar des Prussiens à la bataille de Valmy, s'est dérobé. Ce ne sera pas toujours le cas, on risque alors de perdre plus que de l'argent ou de la légitimité, mais aussi de nombreuses vies humaines.

---

138. Patrick Lagadec, « Pandémie grippale et réflexion éthique. Quelles exigences pour un pilotage à la hauteur des enjeux ? », *Pandémiques*, n° 1, octobre 2006, p. 14.

8

Coupable

« On peut traiter un malade,
mais on ne peut pas sauver la vie. »

Proverbe chinois.

« Se tromper est humain[139]. » Or, on ne se trompe pas seulement parce que l'on commet une faute ou une erreur, on se trompe aussi par incapacité et ignorance attribuables certes à soi-même, mais plus souvent encore à son époque. L'omniscience n'est pas (encore) de ce monde, l'incapacité comme l'ignorance peuvent donc être aussi collectives. Autrement dit, j'insiste, le fait de se tromper peut provenir du contexte technologique, institutionnel[140] et sociopolitique du moment. L'erreur n'est pas toujours individualisable et le bouc émissaire est bien souvent innocent. Ainsi, en médecine, malgré d'extraordinaires progrès des appareils et des savoirs, certains signes

139. Linda T. Kohn, Janet M. Corrigan, and Molla S. Donaldson, Editors, *To Err Is Human Building a Safer Health System*, Committee on Quality of Health Care in America, Institute of Medicine, National Academy Press, Washington, D.C., 2001.

140. Plus de 80 % des erreurs médicales dans les hôpitaux et cliniques proviennent de l'organisation.

cliniques sont toujours difficiles à interpréter, certains résultats de laboratoires sont flous et certaines images, fussent-elles des derniers et des plus puissants appareils, peuvent être ambiguës. De surcroît, il n'est pas rare que des recherches aient été mal interprétées ou soient tout simplement erronées, même quand elles ont été considérées un instant comme « la vérité » du moment jusqu'à servir de base à des « recommandations », ou, pour utiliser le jargon contemporain, à des « référentiels de pratique clinique ».

Bien entendu, en médecine, les conséquences de ces errements sont lourdes, voire mortelles, mais rechercher un coupable est presque toujours un contresens inutile et coûteux. Bien entendu, j'ai plaidé et plaide pour tout entreprendre afin de limiter ces erreurs. Ainsi, dès 1981, prenant la responsabilité de la direction des hôpitaux au ministère de la Santé et découvrant le peu de normes de sécurité qui s'appliquaient aux appareils médicaux, ou le peu de cas que l'on faisait alors des infections nosocomiales, je contribuai à lancer une série de mesures et de procédures qui, parfois, n'aboutirent que longtemps après. Mais, quoi que l'on fasse, les erreurs demeureront. En effet, l'acte de soigner, de plus en plus efficace, est aussi de plus en plus complexe. Il requiert l'apport de plusieurs savoirs, la coordination de plusieurs personnes ayant des compétences complémentaires et l'usage simultané de plusieurs familles de techniques. Le sort du malade en dépend, et il est heureux, dans ce domaine, que l'on soit passé du stade du bon-vouloir à celui de quelques obligations. Mais, malgré tout, malgré toutes les méthodes de gestion de la qualité, des savoirs considérés comme acquis aujourd'hui seront remis en cause demain, malgré l'engagement du médecin le plus méticuleux qui pourra prendre des décisions inappropriées parce que fondées sur des informations incomplètes ou un savoir chancelant.

L'exigence de qualité du public, à juste titre, s'accroît, notamment dans ce domaine, et avec elle s'édictent des règles de plus en plus foisonnantes. Certaines sont appropriées, d'autres auront une légitimité éphémère, les dernières enfin sont, dès leur conception, discutables. Toutes cependant vont permettre au citoyen de recourir devant les tribunaux bien qu'il ait été montré par une très élégante étude américaine que le système judiciaire est à la fois inefficace et injuste pour contribuer à l'amélioration de la qualité des soins[141]. En effet, il ne tombe juste, c'est-à-dire condamne des personnes qui effectivement ont commis une faute, que dans un cas sur… quinze, le reste du temps de nombreux médecins innocents sont condamnés et beaucoup de fautes médicales (et non pas d'erreurs) demeurent impunies ! Bien qu'en France, à juste titre, on indemnise toutes les victimes d'erreurs médicales, qu'il y ait eu ou non faute, la judiciarisation de l'erreur progresse et progressera d'autant que les tribunaux reconnaissent aujourd'hui des « préjudices d'angoisse ». Belle trouvaille ! En effet, l'existence de danger réel n'est plus nécessaire pour obtenir une éventuelle indemnisation, il suffit que les patients ou les citoyens (notamment pour les antennes relais des téléphones portables) aient peur. Comme nous allons le voir, ces tribunaux vont avoir du travail car les raisons d'avoir peur ne manquent pas et le lecteur va ici, sans sadisme, en trouver de nouvelles !

Les certitudes d'aujourd'hui sont en effet souvent les erreurs de demain, craignez donc ! Quant à la prétention à la perfection, et non pas la recherche empirique d'amélioration, elle est aussi inhumaine qu'inefficace. Inhumaine

141. P.C. Weeler *et al.*, *A Measure of Malpractice*, Harvard University Press, 1993.

parce qu'elle conduit le patient, ou un membre de sa famille, à prendre seul des décisions difficiles, inefficace aussi parce qu'elle contraint tout progrès, tout apprentissage. En effet, dans les hôpitaux, de très nombreux acteurs contribuent aux soins de chaque malade, les erreurs sont dans plus de 80 % des cas des erreurs d'organisation, des erreurs collectives donc, or on ne peut éviter qu'elles ne se reproduisent que si l'on ne recherche pas immédiatement un coupable. Quand ce n'est pas le cas, et ce l'est de moins en moins du fait de la juridiciarisation croissante, les médecins, comme tout un chacun, se protègent. Comme par ailleurs le malade doit seul décider de son sort, ces deux facteurs conjugués conduisent les équipes à une très grande prudence. Ainsi, quand, par exemple, l'équipe médicale demande à la famille d'un malade âgé s'il faut ou non poser un pacemaker, celle-ci réplique par une évidente question : « Que feriez-vous si c'était votre père (ou votre mère) ? » et obtient pour toute réponse un silence.

Il faut comprendre la raison de ce comportement. Depuis 2002, le patient est souverain, et l'équipe médicale responsable doit « informer » le malade et ne pas choisir à sa place. L'équipe sait que si un pacemaker peut, provisoirement, améliorer les choses, toute anesthésie générale chez une personne âgée est dangereuse ; de surcroît, si le pacemaker est efficace, il n'est pas anodin et doit être contrôlé par le patient lui-même, or les personnes âgées peuvent avoir des absences et… ainsi de suite. Pour choisir en connaissance de cause il faut donc pouvoir pondérer toute une série de critères dont le patient ou sa famille, malgré toutes les « informations » du monde, ont peu d'idées. Certes, tout choix implique aussi des valeurs qui sont, elles, du seul domaine des patients, mais avant d'en arriver là, la synthèse médicale ne peut être que celle du médecin. Aujourd'hui, une interprétation de la législation sur le droit des malades conduit des équipes à refuser l'apparence même du choix, qui pourrait lui être reproché. « Signez là, si vous voulez ! » s'entend-on dire alors. Ces lois ne sont pas faites pour asseoir la confiance, mais pour remettre éventuellement en cause la relation de dépendance du malade à l'égard de son médecin. Progrès ? Oui, dans la mesure où cette loi a aussi permis l'indemnisation des victimes qu'il y ait ou non faute, mais aussi terrible solitude de celui qui choisit.

L'exigence de perfection, l'exigence de précaution, l'exigence de prévention, comme l'exigence de pureté des moines inquisiteurs ne conduisent qu'au drame, à la barbarie et à la régression, y compris médicale. Car, comme vous allez pouvoir en juger, la réalité ne se conforme pas à ses exigences.

Ce dont il va être question ici n'est pas la nécessaire mise en place de procédures, mais de savoir qui les gère. La médecine doit-elle être administrée de manière centralisée ou doit-elle être gérée à l'échelon local ? Administrée ou gérée ? Il ne s'agit, une fois encore, ni d'un jeu de mots, ni d'une nuance, mais de l'essence même du débat sur l'avenir de la médecine. La gestion suppose en effet que l'on décentralise, que l'on fasse confiance aux associations professionnelles et aux acteurs locaux. Elle part du principe que l'on ne peut pas codifier la médecine par des textes et la relation médecin-malade seulement par des lois. Le penser conduirait à la barbarie et à l'inefficacité. C'est pourtant le chemin que prend la France, essayons de comprendre pourquoi et en quoi il est déjà très coûteux.

Comme l'indique Louis Dubertret[142] : « On observe un décalage de plus en plus important, de plus en plus

142. Louis Dubertret, Pr de dermatologie, correspondance particulière du 7 janvier 2009.

fréquent, et donc de plus en plus choquant entre le progrès des connaissances et une réglementation qui repose en partie sur le principe de précaution. Les stratégies “obligatoires” deviennent rapidement caduques du fait du progrès des connaissances. Mais elles ne sont pas remises en question… C’est le cas par exemple de l’utilisation des rétinoïdes par voie générale dans le traitement de l’acné. Ils sont prescrits actuellement à beaucoup trop forte dose mais c’est le règlement. » Il souligne par ailleurs dans le même texte les pertes de chance induites par l’excès de précaution. « La médecine scientifique ne permettant de résoudre que très peu de problèmes thérapeutiques, on aboutit ainsi assez rapidement, en niant, ce qui est confortable, toute fiabilité à l’expérience, à un refus de soins qui a l’avantage de protéger complètement le médecin. » Enfin, prenant l’exemple du Protopic, traitement local immunosuppresseur très utile, notamment dans le traitement des eczémas constitutionnels, il montre comment la décision d’interdire ce médicament par l’Agence fédérale américaine (la Food and Drug Administration) lorsque le patient s’exposait au soleil était « une décision arbitraire ne reposant sur aucune donnée scientifique ni sur aucune donnée d’observation ». La précaution était bien « destinée à protéger l’administration », mais empêchait de soigner en ville le vitiligo. Les exemples abondent, et chaque spécialité pourrait illustrer comment la précaution, telle qu’elle est comprise, réduit le champ thérapeutique.

La médecine se spécialise, et cette spécialisation qui trouve son origine dans la croissance exponentielle des connaissances est inéluctable. Mais en se spécialisant, la distance entre spécialités s’accroît, et avec elle l’incompréhension. Ainsi, par exemple, les chirurgiens ne comprennent pas toujours les anatomopathologistes, or pourtant c’est d’eux qui analysent l’organe suspect que va dépendre la décision d'opérer. Selon deux études, l'une américaine et l'autre britannique[143], cette incompréhension va croissant, et cela est d'autant plus grave que, du fait de la distance physique entre les deux (les laboratoires d'anatomopathologie, eux aussi de plus en plus spécialisés, sont de plus en plus distants des sites opératoires), les seuls contacts se font par des documents écrits, or les chirurgiens ne comprennent pas toujours le langage des anatomopathologistes.

Powsner et ses coauteurs[144] ont en effet cherché à savoir si les chirurgiens d'un hôpital universitaire de grand renom – celui de l'université Yale aux Etats-Unis –, en lisant le rapport des anatomopathologistes, comprenaient bien les intentions de ces derniers, intentions essentielles car ils déterminent, ou pas, la nécessité d'opérer, comme nous l'avons dit. La méthode était rigoureuse, elle prenait en compte un échantillon de cas, dans les formes « habituelles » mais plutôt favorables aux cliniciens car il s'agissait notamment de rapports sur papier, plus faciles à lire que les écrans d'ordinateur. Eh bien non, dans 30 % des cas, l'intention de l'anatomopathologiste ne « passe pas » aux chirurgiens, ils font une erreur d'interprétation. Certes, ces erreurs diminuent avec l'âge du chirurgien (25 % pour les plus expérimentés, 37 % chez les internes), mais demeurent substantielles. Il ne s'agit pas d'incertitude du cas examiné, mais, une fois encore, de mauvaise interprétation des résultats, y compris ceux qui décrivent cette incertitude même. Dans un cas, l'erreur est grossière et

143. Ce n'est ni par plaisir, ni par anglomania que nous citons ici des études anglo-saxonnes, mais nous n'avons pas trouvé de travaux français équivalents. Il n'y a aucune raison cependant de croire que des résultats français eussent été différents.

144. Seth M. Powsner, José Costa, Robert J. Homer, « Clinicians Are From Mars and Pathologists Are From Venus », *Arch Pathol Lab Med*, vol. 124, July 2000.

concerne la présence ou l'absence d'un cancer, mais beaucoup d'autres sont loin d'être anodines. Plus souvent en effet les chirurgiens interprètent l'existence d'une complication postopératoire, alors que ce n'est pas ce qu'a voulu dire l'anatomopathologiste ; ou bien encore 38 % des cliniciens ne comprennent pas que, à l'occasion d'une greffe, le rapport précise que l'hôte (le greffé) est en train de rejeter le greffon (l'organe greffé) ! Le degré de gravité du cancer de la vessie est aussi souvent mal interprété, or la thérapie ne sera pas la même selon que le cancer est ou non invasif...

Ces résultats ne sont pas nouveaux, une autre étude anglo-saxonne, au pays de Galles cette fois[145], montre que les chirurgiens n'interprètent pas toujours correctement le degré d'incertitude de l'anatomopathologiste. L'analyse d'un prélèvement ne donne pas toujours une réponse tranchée, en revanche, si j'ose dire, les conséquences de « précaution » peuvent être tranchantes. Où est alors la précaution : opérer quelqu'un qui n'est pas malade, faire une autre biopsie et redemander une deuxième analyse, ce qui n'est pas anodin, attendre ?

A son tour, dans un autre registre, une étude australienne[146] montre que 19 % des incidents analysés chez les généralistes sont dus à une mauvaise communication entre professionnels de santé.

L'incertitude, on le voit, peut être réduite mais jamais éliminée, d'autant que certaines méthodes modernes de gestion, en éloignant chirurgiens et anatomopathologistes

145. R. L. Attanoos, A. D. Bull, A. G. Douglas-Jones, L. J. Fligelstone, D. Semararo, « Phraseology in pathology reports. A comparative study of interpretation among pathologists and surgeons », *J. Clin. Pathol.* 1996 ; 49:79-81.

146. Bhasale A.L., Miller G.C., Reid S.E., Britt H.C., « Analysing potential harm in Australian general practice : an incident-monitoring study », *Med. J. Aust.* 1998 ; 169:73-76.

pour des raisons d'expertise et, il faut le dire, de rentabilité, n'améliorent pas la décision clinique.

Ceux-ci ne sont que des cas particuliers de problèmes plus généraux, et les médecins, en cela, ne sont pas différents des autres professions. En effet, l'économie comportementale, dont les pionniers furent Amos Tversky et Daniel Kahneman, montre que même chez les personnes les plus averties les généralisations sont souvent hâtives, les chiffres mal interprétés et des informations hors sujet parfois prises en compte. De surcroît, les humains choisissent plus facilement ce qu'on leur montre, ce qui demande le moins d'effort, d'où, par exemple, la recommandation dans les cantines scolaires de mettre sous le nez des enfants les légumes. Certes, ils auront toujours le choix, mais s'ils veulent des plats plus caloriques il faudra qu'ils les demandent ou qu'ils les cherchent dans un endroit moins accessible ; pas d'obligation donc, mais des « choix » orientés.

Jerome Groopman[147] montre comment ce débat peut jouer un rôle essentiel dans la diffusion des recommandations de pratique clinique. Faut-il les imposer ou les suggérer ? Je ne saurai trop insister sur l'importance de cette question qui passionne les Américains, car l'enjeu, là-bas et ici, est de savoir si la médecine peut demeurer, au sens étymologique du terme, « libérale ». Les médecins vont-ils garder la liberté de prescription ? Ou, plus subtilement, ne vont-ils pas être systématiquement condamnés en cas de poursuite, pour ne pas avoir suivi ces « recommandations de bonne pratique » ? Faut-il pénaliser les médecins et les hôpitaux déviants ? Ces questions sont d'actualité en France, comme aux Etats-Unis. Le président Obama, interrogé

147. Jerome Groopman, « Health Care : Who Knows "Best" ? *The New York Review*, January 14, 2010.

longuement à la télévision sur ce sujet, n'a pas choisi, avec raison, la voix de l'obligation, même si certains de ses conseillers la défendaient avec vigueur. L'histoire lui donne raison : il existe de nombreux précédents de recommandations aussi définitives qu'erronées. Ainsi le programme d'assurance maladie des Américains de plus de 65 ans (MEDICARE) a recommandé de suivre de très près les variations de la glycémie chez les malades en soins intensifs. Il en a été de même chez les diabétiques en ville atteints de maladies cardiovasculaires ; or, l'histoire dans les deux cas plaide pour plus de flexibilité. La rigueur peut être mortelle. Groopman montre aussi que les recommandations en matière de prothèse de hanche ou de genou, comme en matière d'infarctus du myocarde, n'améliorent guère les choses : les patients traités selon les « meilleures pratiques » ne se portent, en moyenne, pas mieux que les autres.

Certes, il est des cas où la généralisation est souhaitable ; Groopman prend l'exemple de la pose de cathéter, mais montre que dans les maladies plus complexes la généralisation est hasardeuse. Il raconte que lui-même a cru que l'érythropoïétine pouvait favoriser le développement de la moelle osseuse chez les patients immunodéprimés. Mais, malheureusement, le bénéfice d'une telle prescription était mineur et les effets secondaires sérieux. Il a souffert, dit-il, du « complexe de Pygmalion ». Autrement dit, il était trop confiant, il n'a pas regardé les avis contradictoires (ils étaient nombreux) et a pensé qu'il avait trouvé la panacée universelle.

Ces généralisations médicales hâtives aux conséquences sérieuses me semblent toutefois moins dangereuses que leurs équivalents administratifs. Les médecins, eux, font de la recherche et, par essence, échangent avec leur collègues du monde entier – ce n'est pas le cas des technocrates. Je me souviens de l'un d'entre eux, je ne serai pas plus précis, déclarant solennellement que les futurs directeurs d'agences régionales de santé seraient notés selon l'évolution des indicateurs de santé de leur région. Il faisait ainsi l'hypothèse implicite que ces puissants fonctionnaires allaient aussi pouvoir contrôler la consommation de tabac et d'alcool, les accidents de la route, les habitudes alimentaires et autres « facteurs de risque » des habitants de leur région. Balivernes ! La France allait-elle devenir un pays aussi hygiéniste que totalitaire ? Après l'avoir félicité de son audace, je lui ai dit qu'il allait, si c'était vrai, pouvoir publier dans les plus grandes revues de santé publique du monde et expliquer à l'humanité pantoise comment quelques fonctionnaires français changeraient du jour au lendemain la vie des gens. C'était bien vrai ! La réalité a dépassé la fiction, en effet, dans le calcul de prime des directeurs d'agences régionales de santé, l'évolution du taux de suicides de la région va notamment servir à calculer leurs primes annuelles ! Je sens qu'en Bretagne, pays de marins, on va sans tarder interdire la vente de corde. A se pendre !

Les recommandations managériales devraient être évaluées, comme des recommandations médicales, et, on peut rêver, les hauts fonctionnaires devraient être sélectionnés sur l'inverse de la taille de leur complexe de Pygmalion.

L'incertitude pèse également en matière de dépistage. Ainsi, si toutes les femmes de 40 à 45 ans bénéficiaient d'une mammographie aux Etats-Unis, 12 000 morts seraient, en théorie, évitées (une femme sur 1 904 femmes dépistées). Mais, comme les clichés sont plus difficiles à interpréter chez les femmes jeunes, pour un cancer dépisté il y aurait au moins cinq biopsies prescrites du fait de l'imprécision de l'image, et, avec elles, leur pendant d'angoisse. En outre, la médecine contemporaine ne sait pas encore distinguer entre les cancers dormants et ceux qui évoluent rapidement, et l'on n'est pas certain que certaines interventions sur des tumeurs naissantes ne « réveillent » pas d'autres tumeurs non détectées. Enfin, d'autres cancers ont une croissance si lente qu'ils n'auront jamais d'effets cliniques, autrement dit la personne mourra d'autre chose.

Dans de tels cas d'incertitudes, d'intrication entre les bénéfices et les risques potentiels, faut-il accepter que les émanations de la puissance publique décident pour ou contre le dépistage systématique, ou doit-on laisser le dialogue malade-médecin s'instaurer et l'éventuelle décision se prendre alors ?

Contrairement à l'analogie trop souvent utilisée, non, définitivement non, le corps humain n'est pas une machine. La révision des 10 000 kilomètres, utile dans le domaine automobile, ne semble pas alors, en dépit de toutes les croyances en la matière, d'une grande utilité chez les humains. Une récente revue de la littérature mondiale le montre sans ambiguïté : « Un examen périodique [en France, sinon en français, on dirait un… "check-up"] est une mesure populaire attirante. Son absence d'efficacité en matière d'amélioration de la santé, son impact sur la croissance des inégalités et ses regrettables effets secondaires ont été ignorés[148]. » Si l'on voulait être vraiment utile, il serait en revanche souhaitable de rembourser chaque année la révision systématique des prescriptions médicamenteuses chez les personnes âgées qui, en France, sont de bonne constitution, car beaucoup d'entre elles résistent à la prise journalière de plus de dix médicaments. Quelle santé !

148. Walter Holland, « Periodic Health Examination – A brief history and critical assessment », *Eurohealth*, vol. 15, n°4, 2009.

Mais revenons au dépistage ; en effet, détecter une maladie plus tôt ne veut pas nécessairement dire mieux la guérir et, par ailleurs, détecter une maladie sans traitement n'a guère d'intérêt. Rappelons que ce qui compte c'est la personne, sa vie, et non pas la maladie. Ainsi, dans une étude réalisée à Malmö en Suède en 1970, dont les sujets étaient des hommes nés en 1914, deux groupes furent constitués par tirage au sort : un groupe de contrôle et un groupe où, après examens médicaux systématiques, l'action des médecins s'est portée principalement sur, d'une part les personnes ayant une pression artérielle élevée, et d'autre part les fumeurs.

Certes, dans le groupe qui n'a pas été suivi par une équipe médicale, deux fois plus mouraient de maladies cardio-vasculaires, mais les membres de l'autre groupe mouraient tout autant, et cette fois plus de cancers ou d'autres causes de mortalité[149]. Il n'y avait aucune différence significative de la durée de vie. Une étude, britannique cette fois, aboutit à des résultats analogues sans trouver de variation de cause de mortalité entre le groupe qui a suivi des check-up systématiques et le groupe de contrôle. Autrement dit, le bénéfice du check-up systématique n'est pas, là encore, démontré. Donc, pour citer un praticien anglais : « De nombreux médecins, y compris moi-même, sont sceptiques quant au bienfait global du dépistage... nous ne devons pas oublier qu'il conduit à des diagnostics et des traitements inappropriés et à de l'anxiété. Les médecins sont complices du vol du bien, précieux entre tous, celui du sentiment de bien-être. Aussi, répétons-le, le dépistage, quels que soient ses bienfaits, cause

149. Lannerstad O., Sternby N.H., Isacsson S.O., Lindgren G., Lindell S.E., « Effect of a health screening mortality and causes of death in middle-age in middle-age men », *Scandinavian Journal of Social Medicine*, 1977, 5:137-40.

aussi des maux réels, étendus et durables[150]. » Il rejoint ainsi un médecin généraliste français de Fouesnant en Bretagne qui, après avoir trouvé chez un patient des troubles intestinaux induits par une radiothérapie, écrit au *Monde*[151]. « J'ai encore soigné un "vieil" homme pour des complications dues au traitement du cancer de la prostate. Vous ne pouvez pas savoir comment cela m'est difficile de voir ce gâchis humain. Que les choses soient claires, je ne parle ici que des hommes traités pour des cancers asymptomatiques découverts après dépistages ; je ne parle pas de ceux qui avaient des cancers de la prostate entraînant des troubles. »

Ces citations qui reflètent bien la vérité scientifique et où, j'en suis fort aise, les petits et les grands Bretons se rejoignent, choqueront, je n'en doute pas, quelques lecteurs plus proches de l'équateur. L'hypocondrie, fût-elle collective, n'est pas seulement hors de prix, elle peut aussi être dangereuse. Savoir plus tôt conduit à être plus longtemps inquiet, mais pas nécessairement à être mieux soigné.

Trouver un taux élevé de cholestérol chez une personne qui se sent bien consiste à découvrir un « facteur de risque », ce qui n'est pas une maladie. Or, généraliser la prise de médicament hypocholestérolémiant chez plusieurs centaines de personnes pour éviter une seule crise cardiaque va coûter à l'assurance maladie de l'ordre de 100 000 euros par année de vie sauvée, est-ce une nécessité ? Est-ce la raison pour laquelle on cotise à l'assurance maladie ?

Invité il y a une dizaine d'années par un ami psychiatre à m'exprimer à un colloque sur la notion de « guérison »,

150. Spence D., « When it is worth repeating », *British Medical Journal* 2009, 339:244.

151. « La tristesse d'un médecin », *Le Monde* du jeudi 8 octobre 2009.

je lui répondis que cette notion était purement médicale et que les économistes n'avaient pas grand-chose à en dire. Puis, regardant la stratégie de l'industrie pharmaceutique, j'acceptai d'intervenir. En effet, quelle aubaine pour cette industrie si une personne ne peut jamais être guérie ! Dans ce cas, en effet, le marché n'est plus épisodique, il n'est plus limité à la phase aiguë, mais devient un marché à vie. Il en est ainsi de l'état dépressif, mais plus encore peut-être de la confusion entretenue, pas par hasard donc, entre facteur de risque et maladie. Il en est ainsi, notamment, du surpoids, du taux de cholestérol et de la tension artérielle, « marchés » considérables aux bénéfices sanitaires sinon toujours douteux, du moins limités, d'autant que les vieilles molécules sont souvent aussi efficaces que des molécules plus récentes. Il en est notamment ainsi des diurétiques pour les traitements de l'hypertension.

Mais revenons au propos initial de ce chapitre. Nous venons de voir qu'il y avait une convergence entre le désir des malades qui souhaitaient bénéficier des meilleurs traitements accessibles et la volonté de la puissance publique qui désire, en leur nom, diffuser les meilleures pratiques cliniques et contrôler leur mise en œuvre effective. Nous avons également souligné la convergence entre le désir de protection des êtres humains et l'intérêt de l'industrie biomédicale qui ne demande qu'à dépister et à traiter. Tout cela est bien légitime et nous n'y trouvons, en principe, rien à redire.

Toutefois, s'il est possible de définir *in abstracto* une « bonne pratique », cette bonne pratique d'un instant peut être erronée et surtout totalement inadaptée au cas d'un malade. Certes, le médecin doit la connaître cette bonne pratique, mais il doit aussi pouvoir s'en écarter si la situation de son patient l'exige. Tout cela ne serait que truisme si la judiciarisation de la médecine ne poussait au conformisme et à la protection de l'équipe médicale qui, à juste titre, peut craindre, en cas de recours devant les tribunaux, d'être condamnée pour s'être écartée des « vérités » du moment. Les tribunaux devraient prendre en compte l'incertitude scientifique, doublée d'ailleurs de l'incertitude clinique. Les conséquences de cette évolution sont une évidente perte d'humanité. En effet, si le médecin n'est plus qu'un technicien qui applique des protocoles, la relation s'estompe, l'angoisse s'accroît et l'efficacité, semble-t-il, n'atteint pas de nouveaux sommets. La relation entre un malade et son médecin est une relation de confiance. Certes, il est bon que cette relation ne soit plus une relation de dépendance, mais la suspicion la transforme en relation de pouvoir. Tout médecin devient un coupable qui s'ignore, un coupable potentiel dans l'attente d'être jugé.

Notre autre propos consistait à souligner que, quand tout va bien, il n'est pas nécessaire de chercher à savoir si cela pourrait aller mal. Autrement dit que la primauté doit être à la clinique et non pas à la recherche d'illusoires dépistages de dysfonctionnements par essence silencieux et néanmoins, un jour, inéluctables. Au « si j'avais su plus tôt » de la personne à qui l'on découvre une maladie, il faut répondre qu'il n'est pas certain qu'elle aurait été mieux soignée, mais qu'il est incontestable qu'elle aurait été plus longtemps malade et angoissée. Toutefois ces propos sont impies tant la croyance en la maîtrise de notre destin est enracinée. Curieuse époque que celle qui magnifie et craint tant la technique !

9

Précautionneuse[152]

« Or du hasard il n'est point de science :
S'il en était, on aurait tort
De l'appeler hasard, ni fortune, ni sort,
Toutes choses très incertaines. »

Jean de LA FONTAINE,
L'Astrologue qui se laisse tomber dans un puits.

Une législation s'invente pour tenter d'éviter d'autres « faillites » de la santé publique et se prémunir contre l'évolution irréversible de l'environnement

La mémoire des drames de l'affaire du sang contaminé ne s'efface pas. La tragédie de ceux qui ont trouvé la mort, alors qu'ils s'attendaient à être soignés, demeure présente dans tous les esprits. Elle a, notamment, remis en cause la confiance que le public avait dans l'expertise, et ce d'autant

152. Je tiens à remercier Rémi Pellet et le Laboratoire français du fractionnement et des biotechnologies (LFB) pour leur contribution à ce chapitre dont j'assume seul l'entière responsabilité.

plus que, si cette affaire fut la première des défaillances de la santé publique, elle ne fut pas la seule. L'amiante, l'hormone de croissance, l'encéphalopathie spongiforme bovine (dite épidémie de « la vache folle »), la canicule, le chikungunya – pour ne citer que quelques autres « affaires » – ont révélé que parfois la négligence ou l'esprit du lucre trouvaient aussi leur chemin dans le monde de la santé, même si la dimension éthique et juridique de ces affaires n'en était qu'un des aspects. L'opinion publique a retenu que, même dans ce domaine, l'intérêt des uns pouvait prévaloir sur la vie des autres. De plus, ces faits tragiques et complexes ont révélé encore que les experts étaient faillibles non pas seulement moralement, mais sur le plan scientifique. Oui, eux aussi peuvent se tromper et leurs erreurs avoir des conséquences humaines et politiques. Le progrès n'est pas systématiquement bénéfique, il peut parfois être dangereux, voire mortel. D'autant que ces drames sanitaires s'accompagnent de catastrophes industrielles qui se répercutent sur la vie même des populations environnantes : Tchernobyl, Bhopal, Seveso sont des noms tristement connus des habitants de la planète. La science et la technologie perdent de leur superbe. L'inquiétude gagne, d'autres sources de légitimité naissent pour tenter sinon de gérer, du moins de conjurer l'impensable.

C'est à cette même époque, au début des années 1980, que l'écologie va trouver en Europe sa traduction politique. Les Européens prennent alors conscience que l'activité humaine bouleverse la nature au point d'induire des transformations qui pourraient être irréversibles. Paradoxalement, alors que sur plus d'un siècle – la croissance de l'espérance de vie en témoigne – les activités industrielles ont grandement amélioré le sort des habitants des pays développés, que les famines en Europe se sont éloignées, que le confort s'est installé, il est enfin devenu envisageable, à ce moment-là donc, de critiquer le monde industriel pour ses pollutions.

Les conflits entre différents usagers d'un même bien naturel prennent corps. Les promeneurs combattent les forestiers quand ils coupent à blanc les futaies de leur promenade. Les municipalités, comme les pêcheurs en eau douce, se plaignent des rejets industriels dans les fleuves, même quand ceux-ci ont lieu très en amont de leur lieu de résidence. Les habitants des sites remarquables limitent la frénésie des bétonneurs... Ces conflits font naître des questions juridiques nouvelles, d'autant que, parfois, plusieurs pays sont concernés. Il en est ainsi de la pollution de la mer du Nord, notamment par le Rhin.

L'origine du principe de précaution : de la mer du Nord à la Charte de l'environnement

Au début des années 1980, le gouvernement allemand va demander un rapport à des experts indépendants pour tenter d'enrayer la pollution de la mer du Nord. Afin de mettre un frein aux dégradations qu'ils constatent, ceux-ci vont proposer d'asseoir une coopération internationale fondée pour la première fois, de manière originale donc, sur le « principe de précaution ». A la première réunion des pays riverains de cette mer, tenue à Brême en 1984, il est dit que « les Etats ne doivent pas attendre pour agir que les dommages à l'environnement soient prouvés ». Puis, trois ans plus tard à Londres (1987), les mêmes pays précisent que « si l'état des connaissances est insuffisant, une stricte limitation à la source des émissions de polluants sera imposée pour des raisons de sécurité[153] ». Imaginé en

153. François Ewald, Christian Gollier, Nicolas de Sadeleer, *Le Principe de précaution*, « Que sais-je ? », PUF, Paris, 2001.

Allemagne dans les années 1970, le principe de précaution connaît alors en Europe ses premières applications. Il va trouver sa consécration internationale au Sommet de la Terre, réuni à Rio par l'ONU en 1992.

« Pour protéger l'environnement, des mesures de précaution doivent être largement appliquées par les Etats selon leurs capacités. En cas de risques de dommages graves ou irréversibles, l'absence de certitude scientifique absolue ne doit pas servir de prétexte pour remettre à plus tard l'adoption de mesures effectives visant à prévenir la dégradation de l'environnement. »

A ce stade, il ne s'agit pas d'une défiance envers la science, mais de la reconnaissance de ses limites et surtout du fait que certaines modifications de l'environnement peuvent être irréversibles. Bien qu'elle le fasse souvent, la nature ne se régénère pas systématiquement, la prudence, sinon la précaution, s'impose.

Remarquons la référence à la « capacité » des Etats, car elle va disparaître quand le principe va être introduit en droit français. L'article 5 de la Charte de l'environnement, inscrite depuis février 2005 dans la Constitution française, dispose en effet que « lorsque la réalisation d'un dommage, bien qu'incertaine en l'état des connaissances scientifiques, pourrait affecter de manière grave et irréversible l'environnement, les autorités publiques veilleront par application du principe de précaution, et dans leurs domaines d'attribution, à la mise en œuvre des procédures d'évaluation des risques et à l'adoption des mesures provisoires et proportionnées afin de parer à la réalisation du dommage ».

La référence à un coût « économiquement acceptable » qu'évoquait la loi Barnier du 2 février 1995 a disparu. Notons surtout qu'il ne s'agit plus seulement de « prévention » qui vise les risques avérés, ceux dont l'existence est démontrée ou connue empiriquement mais dont la réalisation est incertaine. En revanche, dans le cas de la « précaution », l'incertitude ne porte pas sur l'occurrence du risque mais sur sa nature, elle porte sur le risque lui-même. Le risque est seulement probable, non encore confirmé scientifiquement. L'existence du risque n'est qu'une hypothèse par essence donc non encore vérifiée. Ainsi, par exemple, même si tout le monde n'attrape pas la grippe dans le cas d'une épidémie, le risque est certain, en revanche l'effet pathogène des antennes relais pour les téléphones portables n'est, à ce stade, qu'une hypothèse.

La définition du principe de précaution a donc déjà évolué dans le temps. Il évolue aussi dans l'espace, certains jusqu'au-boutistes vont même jusqu'à prétendre aujourd'hui que l'on doit toujours se protéger de tout, sauf si l'on a la certitude qu'il n'y a aucun danger démontré.

L'affaire du sang contaminé bouleverse l'Administration et le droit de la santé

Avant de montrer comment le monde de la santé rejoint celui de l'environnement, revenons à l'Administration française de la santé et à son organisation qui fut profondément transformée au cours des deux dernières décennies à la suite des affaires que nous avons évoquées.

Le volet juridique du drame du sang contaminé débute au début des années 1990 quand les victimes et leur famille s'efforcent d'obtenir des indemnités pour le grave préjudice subi. Les négociations traînent, l'indemnité qui leur est finalement proposée est minime, le scandale éclate cinq années après les faits. Très vite, la responsabilité des politiques est engagée – certes du fait des décisions qu'ils ont ou n'ont pas prises –, surtout parce que les administrations en charge de la transfusion sanguine sont sous leur tutelle directe. Situés au haut de la hiérarchie, ils sont juridiquement responsables.

Une réorganisation sans précédent

Pour éviter tout conflit d'intérêt, pour clarifier les responsabilités afin de mieux défendre les usagers du système de santé, l'organisation administrative va alors rapidement évoluer et, notamment, des « agences » indépendantes vont être créées. Comme l'indique Didier Tabuteau, un des acteurs majeurs de cette évolution, « il s'agit de tirer les conséquences d'une faillite de l'organisation traditionnelle et d'identifier pour l'avenir les autorités responsables des secteurs en cause[154] ». Il s'agit aussi de faire en sorte que le pouvoir politique ne se trouve plus en ligne directe. Rien de surprenant donc que les premières agences créées aient été l'Agence française du sang et l'Agence du médicament, toutes deux en 1993. La première hérite des attributions du Centre national de la transfusion sanguine, jusque-là sous la tutelle de la Direction générale de la santé, quant à la seconde, elle reprend pratiquement toutes les compétences de la Direction de la pharmacie et du médicament qui, à cette occasion, disparaît. Deux des trois directions de l'Administration centrale du ministère de la Santé de l'époque[155] voient donc tout ou partie de leurs compétences transférées à ces « agences », notamment en matière de police sanitaire. L'affaire de la vache folle, à son tour, conduira le 1er juillet 1998 à la création de l'Afssa (Agence de sécurité sanitaire des aliments) qui va disposer de pouvoirs analogues en matière d'alimentation.

Depuis, l'agence du médicament est devenue l'Afssaps (Agence française de sécurité sanitaire des produits de

154. Didier Tabuteau, « Santé : où sont les pouvoirs ? Les agences sanitaires : balkanisation d'une administration défaillante ou retour de l'Etat hygiéniste ? » *Sève*, hiver 2003.

155. La troisième était la direction des hôpitaux.

santé). Elle est chargée du contrôle et de l'évaluation des produits de santé. Son directeur général exerce les pouvoirs dévolus jusque-là au ministre. Il prend chaque année plusieurs dizaines de milliers de décisions de retrait ou de suspension. Il engage la responsabilité de l'Etat. Depuis l'ordonnance du 2 septembre 2005, il édicte également des textes de « bonne pratique », une forme de réglementation technique pour le monde médical.

Toutes les agences créées par le législateur en 1993, 1994, 1998, 2001 et 2004 ne disposent cependant pas du pouvoir de police, certaines ont exclusivement un pouvoir d'expertise[156]. D'autres enfin, comme l'Etablissement français du sang et l'Etablissement français des greffes, encadrent des secteurs particulièrement sensibles. Mais pour toutes, la source unique de leur légitimité est scientifique.

Comme en miroir, le Conseil des communautés européennes du 21 juillet 1993 institue une Agence européenne pour l'évaluation du médicament (EMEA), puis, après la crise de la vache folle, l'Autorité européenne de sécurité alimentaire (AESA). Elles coordonnent les autorités nationales, quand elles existent. L'Europe, près d'un siècle plus tard, s'inspire donc aussi des agences américaines de police sanitaire et notamment de la prestigieuse Food and Drug Administration (FDA)[157] qui, elle, a une compétence à la fois en matière de santé et d'alimentation.

De nouvelles responsabilités des industriels et des médecins

La suite coule de source, responsabilités et protections vont s'organiser et se transmettre en cascade. D'autant que la création de ces agences a permis de recruter des milliers de scientifiques, de juristes et de cadres administratifs.

156. L'Institut national de veille sanitaire (InVS), l'Agence française de sécurité sanitaire environnementale (Afsse) en sont des exemples.
157. Créée en 1906, elle a pris son statut actuel d'agence en 1931.

En effet, à leur tour, les agences et leurs responsables vont craindre qu'en cas d'accident imprévu leur responsabilité soit recherchée, ils vont donc avoir une naturelle tendance à organiser une défense préventive et, bien entendu, si nécessaire, à pécher par excès, rien de plus rationnel.

Les industriels du médicament et des produits de santé vont, de leur côté, s'efforcer d'éviter toute recherche en responsabilité qui pourrait nuire à leur image et, le cas échéant, les conduire à verser d'importantes indemnités. Ainsi donc, le plus souvent, les entreprises du secteur de la santé ne se contentent pas d'appliquer ces règles, elles ont aussi leurs propres équipes de recherche et un système rigoureux de contrôle de qualité allant souvent bien au-delà de qui est exigé par les textes. Ainsi, pour nous limiter à l'exemple du fabricant français des dérivés du sang, « la sécurité est une priorité absolue du Laboratoire français du fractionnement et des biotechnologies (LFB) depuis sa création en 1994 et conformément à sa mission de santé publique, la sécurisation des médicaments est un des axes majeurs de recherche et développement du laboratoire[158] ». L'essentiel de cette prévention se situe donc en amont de la commercialisation. Mais, au moment de la vente, comme la réglementation les y oblige, les industriels détaillent dans la notice qui accompagne chaque produit les effets secondaires, même les plus exceptionnels, recensés dans le monde entier. Là encore, l'objectif est d'abord d'informer le malade, ce que permettent ces notices quand le patient jouit d'une bonne vue et dispose de connaissances médicales pour interpréter les informations fournies, mais il s'agit aussi de protéger l'entreprise : en cas d'accident, le malade aura été « informé ».

158. LFB, *Risque prion et médicaments dérivés du plasma – Position scientifique du LFB sur la sécurité de ses médicaments vis-à-vis du risque prion*, mars 2009.

Enfin le médecin, prisonnier de la même logique, dernier maillon de la chaîne, le seul en contact avec le patient, va devoir à son tour « informer » de toutes les complications qui pourraient subvenir à la suite du traitement proposé. Il l'a toujours fait, s'estimant responsable de son patient. Ce qui est nouveau ce n'est ni l'aspect clinique, ni l'humanité de la relation, mais la dimension juridique : il y est aujourd'hui contraint par la loi du 4 mars 2002 relative au droit des malades. Le médecin estime donc à raison, du fait de l'évolution du droit et de la jurisprudence, que cette obligation peut être, pour lui, lourde de conséquences. Il informe toujours, mais d'une autre manière car il prend lui aussi, à juste titre, ses « précautions ».

Sa tâche est loin d'être aisée. Dans le cas d'une maladie chronique, une telle information-formation du patient peut être réalisée car elle est progressive : le médecin a le temps de se rendre compte, au fur et à mesure des consultations, si son malade a bien compris la nature de son mal et les limites des thérapeutiques proposées. Toutefois un tel échange est plus difficile à établir pour les maladies découvertes soudainement et qui passent par une phase aiguë. Obligatoire, l'information, le plus souvent profondément humaine, peut devenir inquiétante pour le patient : seul, ne comprenant pas toujours les explications fournies, il doit choisir, et le transfert de responsabilité étiole *de facto* la confiance qu'il devait enraciner.

Les médecins qui ont la lourde tâche d'apprendre à un patient l'existence d'une maladie grave savent qu'il faut procéder par étapes. La première est celle qui va permettre la prise de conscience par le patient de la gravité de son état. Elle est toute de tact, d'humanité et d'espérance et doit se limiter à cela. En effet, des travaux récents menés par le Dr Catherine Breton, à l'occasion de l'annonce par elle de la séropositivité d'un patient au virus du sida, montrent que toute « information » objective, ce jour-là, est oubliée. Tout se passe comme si l'émotion envahissait l'ensemble de l'être et que seule était entendue la terrible nouvelle. Filmés avec leur accord, les patients, une semaine plus tard, ne se souviennent plus de rien d'autre et nient avoir reçu, ce qui était pourtant bien le cas, tout conseil sur la conduite à tenir. « Docteur, mais vous ne me l'avez pas dit », affirment-ils en toute bonne foi, mais en parfaite contradiction avec l'enregistrement de la consultation. Viennent plus tard les « informations » portant sur les démarches à suivre, les comportements à observer et, plus tard encore, l'éducation sanitaire du patient.

Soulignons cependant qu'à ce stade le principe de précaution n'a aucune influence directe sur les médecins. Certes, comme le rappelle le Conseil d'Etat, le médecin ne doit pas exposer le patient à des risques injustifiés (Conseil d'Etat, 29 mai 2002), mais le médecin peut prendre des risques s'il pense qu'ils sont bénéfiques pour son patient. En revanche, le médecin a une obligation d'alerte.

Cependant, le médecin perçoit les conséquences indirectes de l'application du principe de précaution. En effet, au nom de la protection du malade, se joue une course-poursuite entre d'une part le régulateur et d'autre part les acteurs du système de santé. Nul ne doute que ces textes, destinés d'abord à protéger les malades, aient atteint l'objectif recherché. Même si cela est difficile à chiffrer avec précision, ils ont limité le nombre d'accidents thérapeutiques. Toutefois, alors qu'il y a à peine un quart de siècle le laxisme dans l'évaluation des produits de santé[159] régnait, est-il encore certain que cette extrême protection, faite au nom des patients et de leurs droits, soit toujours à

159. Ainsi, si tous les médicaments sont évalués avec sérieux depuis 1975, en 1982 la très grande majorité des prothèses et des équipements médicaux étaient mis sur le marché sans certification, sans évaluation et sans contrôle de leur efficacité, voire de leur sécurité.

leur bénéfice et à celle de la collectivité ? Comme toujours, il s'agit de rechercher un équilibre, une mesure, d'autant que la solidarité nationale finance l'ensemble de ce dispositif.

En effet, le principe de précaution n'a pas seulement accru cette recherche de prudence, il en a modifié la nature. Les risques n'ont plus besoin d'être objectifs pour être considérés, il suffit qu'ils soient possibles. De surcroît, comme le régulateur semble disposer de ressources illimitées, puisqu'il n'est plus nécessaire de prendre des précautions « économiquement acceptables », les sommes engagées pour se couvrir de risques incertains, voire improbables, peuvent être considérables.

Peut-on en la matière être trop prudent ? Les dérives passées conduiraient instinctivement à répondre par la négative, jusqu'au jour cependant où le mieux peut devenir l'ennemi du bien.

Il ne m'appartient pas ici de savoir si nous en sommes à ce stade, mais de décrire les mécanismes et les conséquences des pratiques en vigueur.

Une architecture juridique complexe aux acteurs multiples

Le principe de précaution est aujourd'hui un principe consacré au sein de très nombreuses conventions internationales et, notamment, dans les traités européens. Comme les traités internationaux ont une valeur supérieure à la loi et que le droit de l'Union européenne l'emporte même sur le droit constitutionnel des Etats membres, les juges français doivent veiller à l'application de ce principe de précaution tel qu'il a été consacré dans des conventions internationales. A l'origine, nous l'avons vu, il a été conçu pour le domaine de l'environnement, mais cette notion englobe aujourd'hui la santé. Le principe de précaution nourrit ainsi un très grand nombre de textes qui touchent directement à ce secteur : on pense notamment au système de veille et de sécurité sanitaire et à la sécurité alimentaire. Soulignons toutefois que la récente loi de santé publique du 9 août 2004 ne faisait pas référence au principe de précaution.

Des juges plus raisonnables que le principe

Les juges ont fait une application mesurée du principe de précaution de sorte qu'il se rapproche du principe de prévention.

Les juges européens

Le traité de Maastricht a consacré le principe de précaution en droit communautaire dont la Commission européenne a précisé en 2000 les conditions de recours dans une communication (COM[2000] 1 final). La Commission affirme que le principe s'applique non seulement à l'environnement mais aussi à la santé humaine. Cependant, trois règles spécifiques devraient guider le recours au principe de précaution :

1. la mise en œuvre du principe devrait être fondée sur une évaluation scientifique aussi complète que possible. Cette évaluation devrait, dans la mesure du possible, déterminer à chaque étape le degré d'incertitude scientifique,
2. toute décision d'agir ou de ne pas agir en vertu du principe de précaution devrait être précédée par une évaluation du risque et des conséquences potentielles de l'absence d'action,
3. dès que les résultats de l'évaluation scientifique et/ou de l'évaluation du risque sont disponibles, toutes les

parties intéressées devraient avoir la possibilité de participer à l'étude des diverses actions envisageables, dans la plus grande transparence possible.

De surcroît, selon la Commission, les principes généraux d'une bonne gestion des risques restent applicables lorsque le principe de précaution est invoqué. Il s'agit des cinq principes suivants :

1. la proportionnalité entre les mesures prises et le niveau de protection recherché,
2. la non-discrimination dans l'application des mesures,
3. la cohérence des mesures avec celles déjà prises dans des situations similaires ou utilisant des approches similaires,
4. l'examen des avantages et des charges résultant de l'action ou de l'absence d'action,
5. le réexamen des mesures à la lumière de l'évolution scientifique.

La Cour de justice des Communautés européennes (CJCE) est venue préciser le contenu et la portée du principe en droit communautaire.

Ainsi, alors que le traité européen n'énonce le principe qu'en ce qui concerne la politique de la Communauté dans le domaine de l'environnement, la CJCE a fait application du principe de précaution dans des affaires concernant d'abord et surtout la santé. Cette politique jurisprudentielle s'explique par le « principe d'intégration ». En effet, l'article 6 du traité européen dispose que « les exigences de la protection de l'environnement doivent être intégrées dans la définition et la mise en œuvre » des autres politiques. Par ailleurs, le tribunal communautaire a qualifié le principe de précaution de principe général du droit communautaire (TPICE 26 novembre 2002, *Artegoban GmbH et autres c/ Commission*).

Pour donner un exemple d'application du principe, on retiendra que, dans l'affaire dite de la vache folle, la Cour de justice des Communautés européennes a jugé que « que lorsque des incertitudes subsistent quant à l'existence ou à la portée de risques pour la santé des personnes, les institutions peuvent prendre des mesures de protection sans avoir à attendre que la gravité de ce risque soit pleinement démontrée » (CJCE 12 juillet 1996 et 5 mai 1998, *Royaume-Uni c/ Commission*).

Cependant, le juge communautaire exige que le risque incertain fasse l'objet d'études scientifiques documentées et concluantes pour pouvoir fonder une décision sur la base du principe de précaution (TPICE, 11 septembre 2002, *Pfizer Animal Health SA c/ Conseil de l'UE*, n° T-13/99 ; 26 novembre 2002, *Artegoban GmbH et autres c/ Commission* précité ; 28 janvier 2003, *Les laboratoires Servier c/ Commission*, aff. T-147.00). Dans le domaine des produits de santé, le juge communautaire n'admet donc pas que soient imposées les mesures les plus strictes, comme le retrait d'un médicament, pour un simple doute, lorsque le risque redouté est indémontrable. Il vérifie que la mesure de précaution litigieuse respecte le principe de proportionnalité, en application duquel les pouvoirs publics doivent adopter les mesures qui sont les plus adaptées au risque.

Les mesures prises doivent être provisoires et révisables. Elles doivent donc être accompagnées d'évaluations destinées à mieux connaître le risque et, le cas échéant, à modifier la mesure de précaution. Enfin, les autorités sanitaires doivent prendre en compte le rapport bénéfice/risque : le retrait d'un médicament ne peut être exigé que si le risque excède les bénéfices attendus (CJCE, 28 janvier 2003 *Servier*, précité, point 52).

Les juges français

La jurisprudence des juridictions françaises sur le principe de précaution appliqué au domaine de la santé convergeait, jusqu'au début de l'année 2009, avec celle du juge communautaire. En application du texte déjà cité, sa mise en œuvre devait rester exceptionnelle puisque trois conditions restrictives et cumulatives semblaient nécessaires pour qu'il s'applique :

1. il fallait que la réalisation d'un dommage soit incertaine en l'état des connaissances scientifiques,
2. que ce dommage soit causé à l'environnement, et enfin
3. qu'il soit à la fois grave et irréversible.

Le texte ne vise que des autorités publiques qui ont l'obligation de s'informer sur l'existence de risques, d'évaluer ces risques et de décider des mesures provisoires et « proportionnées ».

Toutefois, l'article premier de la Charte liant la protection de l'environnement et la protection de la santé proclame que « chacun a le droit de vivre dans un environnement équilibré et favorable à sa santé ». Cet article 1er peut donc conduire à étendre au domaine de la santé le principe de précaution qui est consacré à l'article 5, ce qui se produira en 2009.

Au regard du droit de la responsabilité, le principe de précaution se traduit par un renversement de la charge de la preuve, mais il n'impose pas une obligation de résultat puisque, selon la formule retenue dans la Charte, c'est l'absence de prise de mesures provisoires et proportionnées et de mise en œuvre de procédures d'évaluation des risques encourus qui caractérise une faute.

Par ailleurs, le juge ne se contente pas de constater le dommage pour entrer en condamnation : il apprécie le caractère proportionnel des mesures prises. Et l'inversion de la charge de la preuve ne signifie pas qu'il faille prouver l'absence de risque mais que des « mesures effectives et proportionnées » ont été prises afin de « prévenir un risque de dommages graves et irréversibles ». Par exemple dans l'affaire du « distilbène », la Cour de cassation (arrêt Cass. civ. I, 7 mars 2006, 04-16.179) a sanctionné la société parce que les risques étaient connus et identifiés sur le plan scientifique et qu'elle avait manqué à son obligation de vigilance en ne prenant aucune mesure alors qu'elle aurait dû agir « même en présence de résultats discordants quant aux avantages et inconvénients ». Ainsi, dans ce type d'affaires, c'est parce que les risques étaient connus et scientifiquement prouvés que les juridictions ont sanctionné les responsables qui s'étaient abstenus d'agir, alors que le principe de précaution doit jouer lui en cas d'incertitude sur les risques.

De même, dans l'affaire du vaccin contre l'hépatite B mis en cause dans le développement de scléroses en plaques, les arrêts les plus récents de la Cour de cassation rappellent que si la responsabilité peut être engagée sans qu'il existe une preuve scientifique certaine de causalité, puisque des présomptions graves, précises et concordantes peuvent suffire, en revanche l'existence d'une causalité ne peut se déduire du seul fait que l'hypothèse d'un risque vaccinal ne peut être exclue. Autrement dit, la seule éventualité d'un risque d'apparition de la maladie en relation avec la vaccination ne peut suffire à démontrer le lien de causalité direct, de nature à engager la responsabilité du producteur du vaccin. Ainsi l'arrêt Cass. Civ. 1re, 22 mai 2008 n° 06-18848 rappelle que, contrairement aux allégations des plaignants, « l'absence de certitude scientifique sur l'innocuité du vaccin n'emporte pas de présomption de défaut ».

Jusqu'au début de l'année 2009, pour les juges français, le principe de précaution n'exigeait pas la preuve de l'absence de risques, mais la mise sur pied de procédures d'autorisation préalable qui sont l'occasion d'une expertise des risques par des « agences sanitaires » véritablement indépendantes. Toutefois, le jugement du tribunal de grande instance de Nanterre du 18 septembre 2008, en partie confirmé par la cour d'appel de Versailles du 4 février 2009, constitue un tournant « historique ». En effet, un opérateur de téléphonie mobile a été condamné à démanteler une antenne et à payer de fortes amendes. Des personnes qui se prétendaient « électrosensibles » ont obtenu gain de cause et l'opérateur à été condamné pour « trouble anormal de voisinage ». Si, pour le tribunal de Nanterre, « la discussion scientifique reste ouverte », il n'en tire pas moins des conclusions en ne s'appuyant pas sur un trouble manifeste mais un risque de trouble. « Une autre conclusion à retenir est que si les troubles de santé, constatés chez certains, soupçonnés chez d'autres, constituent un préjudice dont le lien avec la proximité des antennes relais reste à démontrer, le risque de trouble, à distinguer des troubles eux-mêmes, est lui certain puisqu'il n'est pas constaté que les autorités compétentes en la matière, tant internationales que françaises, préconisent de faire application d'un principe de précaution... or exposer son voisin, contre son gré, à un risque certain, et non pas hypothétique, comme prétendu en défense, constitue en soit un trouble de voisinage. » Si je suis ce raisonnement, que je n'ose qualifier de logique, ce serait donc parce que les autorités compétentes préconisent de faire application d'un principe de précaution que le risque serait certain !... La certitude viendrait donc de l'application systématique d'un principe qui ne s'applique qu'en cas d'incertitude scientifique. Autrement dit : ce serait certain parce que c'est certainement incertain et dans ce cas, la dignité de chacun prévaudrait seule contre l'intérêt collectif. Le principe de précaution instaure en conséquence une sorte de responsabilité illimitée.

Par son jugement du 4 février 2009, la cour d'appel de Versailles[160] confirme en partie ce jugement et notamment parce qu'elle considère que « si la réalisation du risque reste hypothétique, il ressort de la lecture des contributions et publications scientifiques produites au débat et des positions législatives, divergentes entre les pays, que l'incertitude sur l'innocuité de l'exposition aux ondes émises par les antennes relais, demeure et qu'elle peut être qualifiée de sérieuse et raisonnable ». En effet ! Soulignons toutefois que la décision du tribunal de Versailles n'a pas été fondée sur le principe de précaution, il est évoqué parce que les parties l'évoquaient également. Enfin, il est rien moins que certain que la Cour de cassation valide ce jugement.

Mais cette décision reste d'autant plus étonnante que cet opérateur détenait légalement toutes les autorisations exigées en la matière et que, par ailleurs, l'Etat incite les réseaux de téléphonie à ne pas laisser un espace du territoire national sans couverture.

De même, le 11 août 2009, le tribunal de grande instance de Créteil interdit à l'opérateur de téléphonie mobile Orange l'installation d'une antenne relais sur le toit d'un immeuble du 13e arrondissement de Paris. Saisi en procédure d'urgence par le syndicat de copropriétaires et par deux habitants de l'immeuble voisin, le juge a considéré que le risque était non négligeable pour la santé des habitants. « Même si les connaissances scientifiques actuelles ne permettent pas de déterminer avec certitude l'impact exact des ondes électromagnétiques, il existe un risque de répercussion sur l'état sanitaire des habitants », souligne le juge des référés de ce tribunal.

160. Elle se distingue ainsi d'autres cours d'appel, comme celle d'Aix-en-Provence, qui, dans des cas similaires, n'ont pas suivi cette voie.

Dans un autre domaine, le 11 mai 2010, la Cour de cassation a reconnu aux salariés exposés à l'amiante le droit à une indemnisation pour le seul « préjudice d'anxiété[161] ». Il suffit donc qu'une personne se trouve « dans une situation d'inquiétude permanente face au risque de déclaration à tout moment d'une maladie liée à l'amiante », et ce d'autant qu'elle est amenée « à subir des examens réguliers propres à réactiver cette angoisse ». Nul doute que l'on ne va pas s'arrêter en si bon chemin. Car il y a d'autres candidats à l'anxiété : les accidentés de la route, du travail et de la vie, sans oublier les hypocondriaques, les professeurs d'école des quartiers sensibles, les gardiens de prison, les gardiens de but, tous ceux qui passent des examens ou sont menacés de chômage, les grands sportifs à la veille d'un match… Les préjudices d'anxiété ne manquent pas.

Pour en revenir aux antennes, principe de précaution ou pas, les tribunaux semblent ainsi pouvoir par ailleurs condamner des entreprises pour des actes qu'elles avaient pris en toute légalité. Enfin, non seulement jamais les allégations des ONG n'ont pu être prouvées, mais encore, comble de l'ironie, si l'on diminue la puissance du signal des antennes, la puissance du signal du téléphone doit s'accroître. L'opinion des ONG l'a emporté sur l'avis circonstancié de l'Académie nationale de médecine. Pourtant, Mme Kosciusko-Morizet, elle-même, celle qui en tant que députée a défendu au Parlement le principe de précaution avant d'être la première secrétaire d'Etat à l'écologie du gouvernement Fillon, a déclaré le 4 mars 2009 sur l'antenne d'Europe n° 1, dans un lapsus révélateur : « Le principe de précaution s'applique plus aux téléphones mobiles qu'aux antennes » ! Déclaration logiquement

161. Arrêt n° 939 du 11 mai 2010 (09-42.241 à 09-42.247 joints), Cour de cassation, Chambre sociale.

curieuse, la qualité d'un principe, même flou, est en effet de s'appliquer toujours, mais, par là, l'ingénieure qu'elle est aussi a vraisemblablement voulu évoquer qu'il n'y avait aucun commencement d'un début de démonstration d'un effet pathogène de ces antennes et qu'il y avait en revanche quelques légères suspicions sur les téléphones.

Quoi qu'il en soit, on imagine la logique infernale à laquelle mène un tel jugement. Logique infernale car elle est bien de la même nature que la logique « diabolique » des moines de la Grande Inquisition du Moyen Age. Ils demandaient en effet à ceux qu'ils traînaient devant leur tribunal de démontrer qu'ils étaient innocents des fautes qui leur étaient reprochées. Or, il est aussi impossible de démontrer que l'on est innocent que de démontrer qu'une technique sera toujours sans risque. L'innocuité n'est jamais que provisoire, et jusqu'à présent ce provisoire semblait suffire. Il ne s'agit plus de préserver la foi mais la santé, à tout prix !

François Ewald, dès 2001, avait craint cette évolution[162]. « Si le principe de précaution devient une norme de jugement de responsabilité qui pourrait être invoquée par n'importe quel particulier (individu, association) contre un autre particulier (industriel, chercheur, médecin) sans qu'une loi en ait précisé les conditions de mises en œuvre, chacun se retrouvera, en raison même de l'absence de certitude qui caractérise le principe, dans une situation marquée par la plus grande insécurité juridique. Ce serait un encouragement infini à la juridiciarisation des rapports sociaux. » Cet « instrument de droit mou », pour reprendre l'heureuse et menaçante expression de Christian Gollier[163], a acquis toute sa dureté. Il est passé du droit public, de la

162. François Ewald, Christian Gollier, Nicolas de Sadeleer, *Le Principe de précaution*, « Que sais-je ? », PUF, novembre 2002.

163. In *Le Principe de précaution*, *op.cit.*

police administrative pour lequel il avait été conçu, au droit privé. La prise en compte de risques théoriques n'est plus exclue dans une recherche de responsabilité, mais pour le secteur de la santé c'était déjà le cas. En effet, l'Etat est garant de la sécurité des produits de santé, c'est la raison d'être des autorisations de mise sur le marché (AMM). Donc, si un patient vient à porter plainte contre un laboratoire, l'Agence représentant l'Etat est aussi automatiquement concernée. Le principe de précaution peut ainsi être systématiquement invoqué car l'autorisation a été donnée par une personne publique (l'Agence) qui doit respecter le principe de précaution.

Toutefois, déjà, avant cette décision, dans leur interprétation du principe de précaution, les autorités sanitaires françaises allaient, parfois, au-delà des exigences des juges.

Des autorités sanitaires françaises plus exigeantes que les juges et les autorités sanitaires étrangères : l'exemple de la transfusion sanguine

Les autorités sanitaires françaises imposent au seul laboratoire français des retraits de lots alors que le risque est purement théorique et que la précaution a pour seul effet d'engendrer l'inquiétude.

Pour comprendre cette affaire, il importe de faire un rapide retour en arrière. En 1996 apparaissent au Royaume-Uni les dix premiers cas du variant de la maladie de Creutzfeldt-Jacob (MCJ), et, la même année, un cas est déclaré en France. Ce variant est la forme humaine de ce qu'il est habituel d'appeler la maladie de la vache folle. Alors que les modèles expérimentaux sur l'animal l'avaient démontré, en 2003, au Royaume-Uni, un premier cas de ce variant apparaît chez un patient transfusé à partir d'un malade atteint. En 2004 et 2005, alors que le nombre de cas augmente, l'Afssaps rappelle des lots de médicaments dérivés du plasma suite à trois dons où apparaît la protéine caractéristique de ce variant. Alors qu'au Royaume-Uni on décide un arrêt total du fractionnement du plasma britannique, on prend en France toute une série de mesures de sécurité dont l'ensemble reste à ce jour unique au monde. Plus contrôlés, les produits français vont être inévitablement plus onéreux mais aussi plus sûrs. La conséquence de cette sécurité accrue va toutefois être inverse de celle que l'on aurait pu attendre. En effet, ces contrôles poussés vont entraîner six retraits de lots en quatre ans, ce qui va avoir pour conséquence un ostracisme du plasma français en Europe comme en France. Bien entendu, un tel effet est paradoxal puisque l'origine de ces retraits provient de tests qui ne se font pas ailleurs, et notamment celui permettant la détection de la forme sporadique (et non pas du variant[164]) de la maladie de Creutzfeldt-Jacob chez tous les donneurs. Cette exception française est-elle fondée ?

Comme nous l'avons souligné, en application du principe de proportionnalité, lorsque le risque est indémontrable, une mesure aussi grave que le retrait d'un médicament devrait être exclue. Or la France, nous venons de le voir, est un des très rares pays à procéder au rappel de lots de médicaments dérivés du sang (MDS) issus du plasma d'un donneur pour lequel le diagnostic d'une maladie de Creutzfeldt-Jacob probable, sous sa forme sporadique (MCJsp), a été posé, alors que les autorités sanitaires étrangères considèrent que le risque est purement théorique. La position des autorités françaises,

164. Les Allemands se limitent à ce cas.

réaffirmée en novembre 2007, est d'autant plus exceptionnelle que, dans une recommandation du 23 juin 2004, l'agence européenne a considéré que s'il y a lieu d'effectuer un rappel des lots en cours de validité des cas du « variant » de la maladie de Creutzfeldt-Jacob, ce n'est pas le cas de la forme sporadique[165].

La position française est d'ailleurs, pour ce sujet très précis, ambiguë et peut apparaître comme une demi-mesure aux conséquences néfastes. En effet, le retrait de ces lots, conformément à une circulaire de la Direction générale de la santé[166], n'appelle pas à une information nominative des patients ayant reçu les produits des lots concernés ! Du point de vue de l'Administration, le danger ne semble donc pas suffisant pour inquiéter le patient, mais néanmoins les lots sont bel et bien retirés. Comme toujours, un tel retrait finit par se savoir, et les patients découvrent qu'un lot, dont un des éléments leur a été administré, est suffisamment suspect pour être retiré ; ils s'inquiètent alors de ce que l'on semble leur cacher, ce qui ne facilite en rien la tâche du prescripteur et du pharmacien hospitalier. Car les malades connaissent le prix de ces médicaments et ne peuvent imaginer qu'on les jette sans raison.

Ce qui devait rassurer panique. Cela rappelle le communiqué du ministère de l'Agriculture qui, au moment du passage du nuage de Tchernobyl sur la France, a indiqué, dans le même document, que rien n'était passé et, quelques lignes plus loin, que du fait de la faiblesse des doses, les effets de ce nuage n'étaient pas dangereux. C'est de ce fâcheux communiqué qu'est née la légende selon laquelle les instances compétentes auraient prétendu que le nuage

165. Tester tous les dons de sang pour la présence du prion de cette forme sporadique permet de déceler un cas par an et coûte à la collectivité 26 millions d'euros.

166. Circulaire DGS/SB N 98/231 du 9 avril 1998.

n'avait pas traversé nos frontières. Le Service central de protection contre les rayonnements ionisants (SCPRI), service compétent de l'époque, avait, lui, bien dit que ce nuage avait bien franchi nos frontières et que, d'après tout ce que l'on savait en la matière, il n'était pas dangereux. Mais qu'une seule instance officielle ait nié son passage a suffi pour rendre tout message rassurant inaudible. Une déclaration d'innocuité fait difficilement bon ménage avec un retrait tangible : les actes contredisent les propos.

Pour en revenir à notre cas, en l'état actuel des connaissances, la transmission par les médicaments dérivés du sang de cette forme sporadique de la maladie de Creutzfeldt-Jacob n'est ni identifiée ni, *a fortiori*, avérée. De surcroît, les procédés de fabrication des médicaments dérivés du sang sont considérés comme efficaces pour l'élimination des prions, donc, notamment, tout vecteur potentiel de la maladie de Creutzfeldt-Jacob (MCJ). Autrement dit, en toute vraisemblance, non seulement le vecteur potentiel de la forme sporadique ne semble pas être dangereux, mais, du fait des techniques de fabrication, il est aussi absent dans les médicaments dérivés du plasma !

Rappelons que le Laboratoire français du fractionnement et des biotechnologies (LFB) suit :

— les bonnes pratiques transfusionnelles de collecte, de préparation, de qualification biologique, de stockage et de distribution des produits sanguins labiles,

— les bonnes pratiques de fabrication des médicaments,

— les normes réglementaires en termes d'hémovigilance et de pharmacovigilance,

— la monographie « Plasma humain pour fractionnement » de la pharmacopée européenne,

— les réglementations spécifiques tant européennes que françaises qui précisent les caractéristiques du plasma pour fractionnement.

Autrement dit, tous les donneurs à risque sont exclus et les procédés de fabrication, notamment la nanofiltration, rendent infime la probabilité d'avoir un prion. Les donneurs comme les produits sont tracés. Les procédés de filtration permettent d'éliminer les bactéries et les virus.

Les autorités sanitaires françaises n'imposent pas la même rigueur aux produits importés en France

Depuis 2005, les autorités sanitaires françaises ont procédé au rappel de six lots du LFB pour le variant sporadique. De surcroît, ces rappels étaient « généraux », c'est-à-dire effectués auprès de l'ensemble des établissements hospitaliers alors que les hôpitaux ayant reçu les lots concernés sont facilement identifiables grâce à la traçabilité spécifique des médicaments dérivés du sang. Toutefois, au cours de la même période, les produits en provenance de pays étrangers, obtenus pour une partie au moins à partir de dons rémunérés, n'ont pas été soumis aux mêmes contraintes. Ainsi une seule spécialité commercialisée par une autre firme a fait l'objet de retraits pour le variant sporadique ; ces retraits étaient ciblés, c'est-à-dire conduits uniquement auprès des établissements hospitaliers ayant reçu le lot concerné. Les mesures de précaution imposées au LFB sont d'autant plus exceptionnelles que l'épidémiologie de la variante sporadique de la MCJ ne montre pas une incidence supérieure en France à celle des autres pays d'Europe.

Alors que le Royaume-Uni a déclaré 164 cas de personnes infectées par la variante de la maladie de Creutzfeldt-Jacob et la France, nous l'avons vu, 23 cas, certains pays comme l'Allemagne n'en déclarent aucun. Or ces pays procèdent à la collecte de plasma, souvent rémunérée, à la commercialisation et à l'exportation en France de médicaments dérivés du sang. Ces produits n'ont jamais été concernés par des rappels de lots.

Par ailleurs, d'un strict point de vue juridique, si l'on peut comprendre qu'après la publication de travaux de recherche l'Afssaps soit légitime pour retirer des lots fabriqués antérieurement et qui pourraient apparaître dangereux à la lumière de nouvelles connaissances, il est difficile de comprendre que ce retrait ne soit pas suivi de l'élaboration de nouvelles normes de fabrication, applicables, bien entendu, à tous les industriels.

Il paraît alors bien légitime de s'interroger sur les modalités actuelles d'application des principes de proportionnalité, de non-discrimination et de cohérence. Il s'agit de patients traités en France : pour eux donc, de deux choses l'une, ou ces « précautions » sont indispensables et elles doivent être prises pour tous les produits vendus dans notre pays, ou elles ne le sont pas, et pénaliser financièrement et commercialement une entreprise française paraît une bien curieuse pratique.

Pour l'instant, le LFB subit les conséquences de ce principe en matière économique, en matière d'image, et ne peut pas valoriser ses procédés.

Le principe de précaution et la responsabilité des médecins prescripteurs et des fabricants : du droit à son application

Ni la Charte sur l'environnement ni le texte constitutionnel français ne confèrent une portée pénale au principe de précaution. Pour que des poursuites pénales puissent être engagées pour non-respect de ce principe, il faudrait, en application du principe constitutionnel de légalité des délits et des peines en matière pénale, qu'une loi crée un nouveau délit. Par ailleurs, dans l'état actuel du droit, le délit de mise en danger d'autrui suppose un danger immédiat et certain. Il n'est donc pas une forme d'application du principe de précaution. Sur le plan civil, le principe de précaution n'ajoute aucune responsabilité nouvelle à celles qui pèsent ordinairement sur les médecins lorsqu'ils prescrivent des médicaments ayant reçu une autorisation de mise sur le marché. Par ailleurs, en application d'une loi du 19 mai 1998, antérieure donc à la consécration du principe de précaution, les patients victimes des défauts d'un médicament peuvent engager la responsabilité des fabricants sans que ceux-ci puissent s'exonérer de cette responsabilité « lorsque le dommage a été causé par un élément du corps humain ou par les produits issus de celui-ci » (art. 1386-12 du code civil), comme c'est le cas avec les médicaments issus du plasma.

Ainsi donc, dans ce cas, la seule chose que ce principe de précaution fasse progresser, c'est l'inquiétude !

10

Raisonnable
Le principe de précaution peut-il être « raisonnable » ?

« Le hasard est le nom que Dieu
prend quand il veut rester anonyme. »

Albert EINSTEIN.

Les exemples que nous venons de présenter montrent que des craintes, même scientifiquement infondées, génèrent des effets juridiques et que cela n'est pas sans conséquences politiques, sociales et économiques.

Traite-t-on de la peur comme d'un risque ?

Les peurs collectives ou individuelles sont justifiées quand, notamment, il y a une probabilité forte de vivre un drame ou de subir un dommage important d'un comportement[167] (risque individuel) ou d'une situation[168] (risque

167. Le vol en parapente.
168. Vivre dans une ville industrielle de Chine.

social et risque écologique). Toutefois, la peur peut être toute aussi grande quand le drame, toujours possible, devient improbable. Enfin, une peur d'une même ampleur peut exister quand le risque est... imaginaire. C'est, nous l'avons vu, le cas aujourd'hui des antennes relais pour téléphones portables, antennes moins puissantes que celles qui transmettent le signal de la télévision hertzienne et pour lesquelles il n'y a jamais eu cette phobie. Mais, par essence, la raison ne convainc pas les peurs déraisonnables qu'il s'agisse de peurs imaginaires ou très improbables.

La peur néanmoins est une réalité sociale à laquelle les responsables politiques ne peuvent pas rester insensibles. Ils se doivent d'agir. Toutefois, la logique voudrait que l'on ne traitât pas de la même façon ces différentes peurs. Car si toutes les préventions du monde n'élimineront pas les peurs imaginaires, en revanche elles peuvent les légitimer. En effet, si l'Etat agit, on ne peut imaginer que ce soit sans raison. Ainsi, Peter Sandman[169] suggère de traiter les peurs infondées, ce qu'en anglais il appelle des « *outrages* », de manière spécifique. Il faut dans ce cas, suggère-t-il, étudier ce qui a donné lieu à cette peur afin de voir s'il n'y a pas un risque même limité ; il faut éduquer la population et laisser les gens prendre toutes les mesures individuelles qu'ils veulent à condition qu'elles ne soient ni dangereuses, ni coûteuses. En revanche, annoncer que le gouvernement protège le public de ce risque imaginaire ou l'informe (par exemple de la puissance des émetteurs des antennes relais des téléphones), alors que cette onde demeure un danger imaginaire, risque plus d'inquiéter que de rassurer. « Le principe de précaution devrait être vu comme une stratégie de protection du public de

169. Peter M. Sandman, « *Because People Are Concerned : How Should Public " Outrage " Affect Application of the Precautionary Principle?* » *Risk communication website.*

risques incertains, mais pas comme une stratégie pour le rassurer des risques. » Autrement dit, pour lui, le principe de précaution est un principe de prévention.

Pour prendre des mesures, il faut qu'il y ait au moins l'hypothèse d'un lien de causalité substantielle. Une vague corrélation ou un risque relatif (*odds ratio*) faible ne devrait jamais suffire en l'absence d'hypothèse solide sur le mécanisme en jeu. On peut alors, et alors seulement, se poser la question de la dose qui pourrait avoir un effet dangereux sur la santé. A cette question délicate, s'en ajoute une autre qui est celle de l'exposition. L'exposition réelle est toujours difficile à mesurer, d'où les sécurités considérables prises entre la dose administrativement tolérée et la dose toxique : le plus souvent d'un facteur de 1 000 !

Mais revenons aux peurs. Les gouvernements doivent-ils les apaiser de la même façon qu'ils préviennent les risques ? Doit-on accorder autant de valeur aux opinions qu'aux recherches scientifiques ? L'aspect culturel des risques doit-il avoir autant d'importance que l'aspect scientifique ? Il ne nous appartient pas de répondre à cette question, l'OMS semble avoir, pour sa part, choisi. Elle donne, dans le cas des antennes relais, aux opinions autant d'importance qu'aux recherches, d'où, notamment, le jugement du tribunal de Nanterre. Pourtant, traiter des peurs infondées, en prenant par essence des mesures inutiles, ne fait que renforcer cette peur sans en diminuer le risque.

Il semblerait donc aujourd'hui impossible de résister aux pressions des croyants qui savent, eux, comment utiliser la médiasphère. Ainsi, une minorité agissante persuade la presse du bien-fondé de son inquiétude, des articles paraissent, les pressions sur le gouvernement et le Parlement s'accroissent. Des projets de réglementation s'élaborent. Le débat devient technique. Le fondement de la peur se légitime. Elle devient « sérieuse » et « justifiée » puisque l'Etat s'en occupe.

Le principe de précaution : un fondement philosophique fragile, mais des conséquences politiques, économiques et humaines paralysantes parce que sans limites

L'incertitude doit conduire à la prudence, non pas à l'inaction. Mais jusqu'où l'on doit être prudent demeure la question fondamentale, d'autant que toute précaution a un coût. Certes, en principe, l'on ne peut être que favorable à la lutte contre la pollution de l'air, des mers, des rivières, des lacs et des sols de la planète. Il paraît également souhaitable de tout mettre en œuvre pour transmettre aux générations futures la biodiversité dont nous sommes les héritiers. Des dégâts irréparables ont déjà été commis et d'autres s'annoncent. Les XXe et XXIe siècles seront sans conteste ceux de l'extinction de nombreuses espèces animales et végétales, même si on leur porte une grande attention, ce qui n'est pas aussi certain qu'on le déclare. La prudence en matière d'environnement, comme en matière de santé est légitime mais la précaution est-elle le bon moyen d'y parvenir ? Nous pensons que non. Notre objection n'est pas tant économique, même si elle l'est aussi, que philosophique : la précaution pénètre tous les aspects de la vie et, notamment, tout ce qui touche à la médecine et à la santé ; étant sans limites détectable, elle crée une forte insécurité juridique ; elle paralyse et offre une sécurité illusoire.

Certains se réjouissent de la consécration juridique du principe de précaution, d'aucuns considèrent même qu'il ne va pas assez loin. D'autres, en revanche, y sont opposés. Ainsi, le principe de précaution a été sévèrement et publiquement critiqué à l'automne 2007 par le président de « la Commission pour la libération de la croissance française », M. Jacques Attali, qui l'a qualifié de « principe d'imprécation » faisant obstacle à toute recherche ou innovation.

Pour ma part, je pense que le principe de précaution est non seulement contestable sur le plan théorique, mais qu'en pratique son application n'aurait pas permis d'éviter les principales crises sanitaires que la France a connues[170]. En effet, on ne peut se prémunir contre des phénomènes dont on ignore la cause. Pour agir il faut savoir, mais il faut aussi pouvoir et vouloir agir. Ce n'est pas toujours le cas. Avant de développer ces idées, demandons-nous d'abord d'où vient ce principe.

Un principe procédural

Reprenons, une fois encore, l'article 5 de la Charte de l'environnement. « Lorsque la réalisation d'un dommage, bien qu'incertaine en l'état des connaissances scientifiques, pourrait affecter de manière grave et irréversible l'environnement, les autorités publiques veilleront par application du principe de précaution, et dans leurs domaines d'attribution, à la mise en œuvre des procédures d'évaluation des risques et à l'adoption des mesures provisoires et proportionnées afin de parer à la réalisation du dommage. »

On constate que cet article ne donne pas de définition du principe, il semblerait donc aller de soi et avoir une existence évidente. Cet article ne précise pas non plus ce

170. Jean de Kervasdoué, *op. cit.*

qu'est la « précaution ». On ne sait donc pas si la référence de cet article au terme de « principe » renvoie à un des usages habituels de ce terme, à savoir : soit une « cause première » au sens philosophique du terme, soit une règle de conduite, ou soit enfin une loi physique (le principe d'Archimède, par exemple). En revanche, cet article laisse entendre sans ambiguïté qu'en application de ce principe, indéfini donc, les autorités publiques doivent agir. Elles sont en effet contraintes de mettre en œuvre des « procédures d'évaluation des risques » et d'adopter « des mesures provisoires et proportionnées ». On peut donc affirmer que le principe de précaution est un principe procédural : il dit ce qu'il faut faire quand un dommage incertain menace. Toutefois, il le dit de manière pour le moins imprécise. Quelles sont ces procédures d'évaluation des risques ? Y a-t-il pour les engager une limite financière ? Pendant combien de temps doit-on mener ces évaluations ? Le même type de question vaut pour les mesures « provisoires » dont nous avons déjà vu que, du fait de l'incertitude, il est par essence difficile qu'elles soient « proportionnées ». Comme le montre le débat sur les organismes génétiquement modifiés (OGM), les défenseurs du principe de précaution et adversaires des OGM peuvent *ad aeternum* prétendre que les procédures d'évaluation des risques ne sont pas suffisantes.

Un principe fondé sur la peur

Si ce principe est une création à la fois originale et évolutive, nous l'avons vu, il est admis qu'il s'est inspiré du « principe de responsabilité[171] » du philosophe allemand

171. Hans Jonas, *Le Principe responsabilité*, « Champs », Flammarion, Paris, 1998.

Hans Jonas. Si avec ce philosophe on peut penser que chacun doit agir de façon à ce que son « action soit compatible avec la permanence d'une vie authentiquement humaine sur la terre », on ne peut le suivre dans l'ensemble de son œuvre. Ce nostalgique de la religion s'est en effet surtout efforcé de réhabiliter une pensée théologique en créant une mystique de la nature. « La simple considération philosophique de la nature permet de déterminer un système de valeurs en quelque sorte naturel », prétend-il ! C'est tout d'abord une curieuse tautologie que cette considération de la nature qui détermine *ipso facto* des valeurs « naturelles » ; je ne vois pas non plus ce qui justifie une quelconque automaticité dans ce changement d'ordre, dans ce passage de la nature à celui des valeurs ! Par ailleurs, sa critique de l'attitude scientifique en général paraît d'autant plus fragile que, quand il se risque à traiter de sujets précis, qu'il s'agisse d'agriculture ou d'énergie, il démontre son incommensurable incompétence[172]. Elle serait excusable chez un spécialiste du gnosticisme des sectes chrétiennes du Ier et IIe siècles de notre ère, s'il ne prétendait pas à l'universalité. Enfin, on peut se méfier d'un auteur qui fait souvent référence à la « prolifération » de l'humanité, rejoignant en cela de nombreux écologistes, comme le commandant Cousteau[173], qui estimait qu'il y avait trop d'humains sur la planète. Bien entendu, il n'a jamais considéré qu'il puisse faire partie de ce « trop ».

Mais ce qui choque le plus dans l'œuvre de Jonas sont les moyens qu'il propose pour parvenir à ses fins. C'est la peur qui fonde son principe de responsabilité. « Il faut davantage prêter l'oreille à la prophétie de malheur »,

---

172. Voir notamment la critique de Denis Collin : http://denis-collin.viabloga.com

173. Il voulait réduire la population terrestre de 6 milliards à 500 millions d'hommes.

rabâche-t-il notamment. Il n'est donc pas étonnant que le principe de précaution, héritier du « principe de responsabilité », soit d'abord un principe d'inquiétude, sinon de peur. Et, de ce point de vue, pas de doute, Hans Jonas semble avoir été entendu : les médias modernes ne semblent porter crédit qu'aux prophètes de malheur et autres « donneurs d'alerte[174] », à qui l'on attribue autant de crédit qu'aux chercheurs les plus sérieux. Les uns émeuvent, les autres cherchent. Le reportage anxiogène d'une « victime » sincère passe à la télévision, jamais l'explication scientifique du phénomène. Les scientifiques, aussi désintéressés soient-ils, se trouvent alors quasi automatiquement du côté des industriels. La théorie du complot, explication marxiste abâtardie, peut se développer. Enfin, d'autres « experts », prétendument indépendants, viennent occuper les médias et, ayant de leur côté l'émotion et la défense de ce qui semble être le sens commun, l'emportent. La lutte médiatique est inégale, d'autant que l'Etat n'est plus du côté de la raison, mais de celui de la « précaution ». C'est ainsi que l'on arrive à se prémunir, à grand prix, de risques imaginaires.

La peur doit-elle être, peut-elle être, le seul fondement de toute action collective ? Si c'est le cas, il en est fini de tout progrès. Une telle peur aurait conduit les premiers hommes à la mise à mort immédiate de celui qui a, pour la première fois, maîtrisé le feu, Pasteur aurait été jeté en prison pour avoir sans précaution contribué à la fabrication d'un sérum antirabique, le BCG aurait été interdit, l'aspirine jamais mise sur le marché et le Pr Barnard aurait été rayé de l'ordre des médecins après la première transplantation cardiaque. Jusqu'ici le risque calculé a réussi à l'espèce humaine. N'est-ce pas grâce à lui, en

174. Traduction française de « *whistle blower* », donc la traduction littérale serait : souffleur de sifflet.

dépit de dramatiques accidents, que l'espérance de vie à la naissance a plus que doublé en deux siècles et que nous continuons à améliorer d'environ trois mois par an notre passage ici-bas ?

Raisonnable ?

Constatant ses nombreuses dérives, juristes et hommes politiques plaident aujourd'hui pour une application « raisonnable » du principe de précaution. Contrairement à d'autres « principes », il ne se suffirait donc pas seul à lui-même. Il ne serait pas, seul, marqué par la raison. Imaginer d'emblée les limites d'un principe est une bien curieuse démarche. Ce n'est ni le cas des « principes » moraux ni, bien entendu, celui des « principes » tirés des lois de la nature. Ainsi, il n'y a pas d'application « raisonnable » du principe d'Archimède ; il est la raison, même si ses conséquences logiques ne sont pas toujours bien comprises[175]. Quant aux principes moraux, personne n'avouerait rechercher une application « raisonnable » de l'honnêteté, un « principe » moral. Il peut être déraisonnable d'être honnête. L'honnêteté, c'est sa vertu, peut nuire aux intérêts de la personne ; mais que serait la vie en société si l'on acceptait que l'on puisse n'être que « raisonnablement » honnête ? Quelle « raison » invoquer ? Celle de celui qui n'est honnête que quand ses intérêts fondamentaux ne sont pas en jeu et qui est donc aussi « raisonnablement » malhonnête pour avoir « raisonnablement menti » ? Ou faut-il privilégier la raison de celui qui est « raisonnablement » trompé ? La raison des uns ne peut être celle des autres,

175. Le fait que la fonte des glaces du pôle Nord, glaces flottantes, ne fera pas bouger d'un iota le niveau de la mer, laisse encore perplexe une partie de l'opinion.

elles sont irréconciliables. C'est pourquoi, si j'ose dire, l'honnêteté s'applique toujours, en « principe ».

Or, l'on découvre que le principe de précaution, lui, a besoin d'exégètes. Certains l'interprètent comme un principe d'action, d'autres l'utilisent pour paralyser toute évolution et même en lui donnant le bénéfice du doute, il ne semble pas qu'il puisse y avoir de consensus sur ce que pourrait en être une application « raisonnable ». En effet, le principe de précaution porte en lui une contradiction logique et au moins deux incertitudes qui ne pourront être levées sans faire intervenir des valeurs différentes et, le plus souvent, contradictoires. Le principe de précaution n'a donc pas de logique, de cohérence ou de raison intrinsèque. C'est pourquoi nous disions déjà dans notre premier ouvrage consacré à ce sujet qu'il était « une insulte à la raison[176] ». Mais venons-en plus en détail aux raisons de sa déraison.

Le principe déclare qu'en cas d'événements « incertains », il convient de prendre des « mesures » « proportionnées ». Non seulement « incertain » et « proportionné » sont contradictoires, mais de quelles « mesures » s'agit-il, qui les définit ? Certes, dans leur rapport, puis dans leur ouvrage, Kourilsky et Viney[177] suggéraient qu'il ne fallait envisager de prendre des mesures que pour se prémunir des risques dont la plausibilité était établie. Plus d'une décennie après, force est de constater que ce n'est pas le cas car l'enjeu est justement de savoir ce que l'on entend par plausible, et qui définit la plausibilité.

Dans la rédaction de l'article 5 de la Charte de l'environnement, le qualificatif « d'incertain » n'a pas été choisi au

176. Jean de Kervasdoué, *op. cit.*
177. Kourilsky Ph., Viney G., *Le Principe de précaution*, Odile Jacob, Paris, 2000.

hasard, il n'est pas ici synonyme d'aléatoire, et le sens clairement retenu par le législateur rend par définition impossible toute proportion car : proportionnée à quoi ? La situation imaginée pour appliquer le principe de précaution n'est pas celle de la personne qui joue à la loterie. Certes, dans ce cas le gain est incertain, mais la probabilité de ce gain aléatoire est connue. Aussi le propriétaire de la loterie est-il capable de calculer le prix d'un billet en fonction de cette chance probabiliste et de... son profit espéré. L'incertitude est ici de premier ordre, c'est celle de gagner (l'exception) ou de perdre (la règle). Il ne s'agit que de cela : perdre ou gagner de l'argent en ayant un certain comportement (acheter un billet) selon une certaine probabilité (la « chance » de gagner). Ce domaine est hors du champ d'application du principe de précaution. Il n'est pas nécessaire d'investir dans la recherche, et la réponse proportionnée à l'incertitude du gain est connue : c'est le prix du billet divisé par le montant du gain potentiel.

L'incertitude change de nature quand la probabilité de gagner ou de perdre n'est pas probabilisable parce que inconnue. Il s'agit alors d'une incertitude du deuxième ordre. Elle peut être illustrée par l'histoire de l'optimiste qui, se rendant au restaurant, commande des huîtres, espérant trouver dans l'une d'elles la perle qui lui permettra de payer l'addition. Cet espoir n'est pas totalement infondé, mais il n'est guère chiffrable, même pour les consommateurs réguliers d'huîtres.

Enfin, il y a une incertitude de troisième ordre : celle d'un événement dont on ignore la nature même et donc ses conséquences possibles. Qui pouvait prévoir qu'en modifiant au Royaume-Uni la manière de « valoriser » les carcasses de moutons morts de la tremblante on provoquerait l'épidémie de la vache folle ? Qui pouvait savoir que le « test de la grenouille » pour dépister une grossesse dans les années 1950 entraînerait quelques décennies plus tard la mort de nombreux batraciens qui n'en demandaient pas tant ? Comme le rappelle George Steiner[178] : « On se trompe toujours. Il y a une thèse de doctorat qui a été soutenue à Harvard par un auteur qui a examiné la presse mondiale, y compris la presse française, dans les six mois qui ont précédé le 25 juin 1950. Le mot "Corée" n'apparaît pas une seule fois avant l'offensive nord-coréenne. Quarante-huit heures avant la chute du mur de Berlin, personne ne l'évoquait. Il faut avoir un peu d'ironie envers soi-même. On se trompe à chaque fois, à un point que l'on ne mesure pas. » D'autant que, même quand l'information existe, on ne sait pas toujours que l'on sait. Que veut alors dire « savoir » quand l'on n'a pas conscience que l'on sait ? Une crise par essence surprend. Elle est « crise » parce qu'on ne l'avait pas prévue. Contrairement à ce que prétendent certains, je ne crois pas que l'on puisse jamais imaginer l'inimaginable, d'autant que se contenter de ce qui est imaginable est déjà beaucoup trop.

Il faut alors distinguer l'anticipation d'un événement futur risqué pour lequel il existe à la fois une théorie et une manière probabiliste d'en estimer l'occurrence – événement ou catastrophe imaginable donc – et les événements qui remettent en cause les modèles, les théories préexistantes, catastrophes majeures. L'incertitude n'est pas seulement l'imprévisible, l'absence infime, partielle ou totale de connaissance mais l'imprévisible peut aussi être la remise en cause des connaissances, préexistantes.

Quelles sont les situations d'incertitude visées par le principe de précaution ? La frontière entre l'incertain et le certain est-elle pour tous, toujours, évidente ? Faut-il se poser ces questions philosophiques ou se contenter de

178. *Le Figaro*, jeudi 25 mars 2010.

reconnaître que le principe de précaution a été l'arme que le pouvoir politique a donné au public afin de tenter, une fois pour toutes, de se débarrasser des « affaires » qui l'ont fragilisé ? Peu en importait le prix, fût-il de remettre en cause le rôle social tenu jusqu'alors par les scientifiques, lequel, dans leur domaine, était source de légitimité, et de laisser croire que le risque n'était pas, comme l'inquiétude, consubstantiel de la vie ?

La faiblesse rédhibitoire du principe de précaution est épistémologique. Comment peut-on prétendre agir alors que l'on ne connaît ni la nature du dommage, ni le moyen de le prévenir ? Et quand on passe brièvement en revue les grands scandales sanitaires, force est de constater que le principe de précaution n'aurait rien apporté. La prévention, la prudence et l'humanisme préexistaient, ils n'ont pas toujours suffi, le principe de précaution n'aurait pas mieux fait même si l'on entend dire aujourd'hui que l'épidémie du sang contaminé, les maladies induites par la poussière d'amiante ou la crise dite de la vache folle ne se seraient pas produites si l'on avait disposé de cette arme juridique. C'est faux et une manière bien particulière de méconnaître ou de reconstruire l'histoire. Ce n'est pas que j'oublie les drames, je veuille effacer les scandales ou minimiser les fautes, mais la compréhension de l'histoire est, plus que jamais, nécessaire.

Pour le sang contaminé, dès 1983 on savait comment prévenir en grande partie la diffusion du virus du sida dans le cas des transfusions sanguines : il suffisait de jeter les poches de sang des personnes à risque. Cette instruction, pourtant clairement donnée par le directeur général de la santé de l'époque, a été peu respectée en France. Elle le fut au Royaume-Uni et en Suède, ce qui explique qu'il y a eu dans ces pays moins de contamination par transfusion sanguine qu'en France. Par ailleurs, toujours pour cette affaire, à l'époque (1985), on pensait (à tort) que les personnes séropositives étaient immunisées et qu'un petit nombre d'entre elles seulement (10 % en 1986) feraient la maladie. Cette erreur était universelle, pas spécifiquement française donc. L'état des connaissances ne permettait pas d'expliquer ce que l'on découvrira plus tard, à savoir le comportement particulier de ce virus qui modifiait l'interprétation que l'on avait de la notion même de séropositivité. Aussi, compte tenu des connaissances du moment, un certain nombre de malades et de médecins prirent des risques qu'ils jugeaient acceptables avec les informations dont ils disposaient alors, pas depuis !

Pour l'amiante, dès la fin du XIXe siècle, il n'y a aucune incertitude sur la toxicité de ses poussières, à certaines doses, même si le mésothéliome, en tant que maladie spécifique induite par ces fins cristaux de silicate d'aluminium, ne sera diagnostiqué qu'au milieu des années 1960. A l'époque cependant, même quand le risque n'était pas sous-estimé par les industriels – il l'était très souvent –, il était socialement accepté, à l'instar de celui que prenaient les mineurs de charbon ou de minerai de fer. La société prenait alors en compte les bienfaits de leur activité. Il en a été ainsi notamment de l'amiante qui, rappelons-le, protégeait du feu les hommes et les habitations. Il n'y a pas eu dans ce cas d'incertitude, au sens où l'entend le principe de précaution ; les risques étaient bien connus et la manière de les prévenir aussi, simplement la vie humaine avait une autre valeur. J'ai pu le constater en visitant en 1975 les services de pneumologie du nord-est de la France. L'espérance de vie des mineurs de fer atteints de silicose ne dépassait pas soixante ans. Les scandales, car il y en a eu d'inqualifiables, venaient des mensonges répétés des entreprises à l'égard de leurs salariés, mineurs, manutentionnaires et usagers.

Pour l'encéphalopathie spongiforme bovine (ESB ou « maladie de la vache folle »), non seulement le lien entre la valorisation des carcasses de mouton et la maladie de Creutzfeldt-Jacob n'a été imaginé par personne, mais l'on pensait que le prion seul (une protéine), qu'il ait ou non une structure particulière, pouvait être capable d'induire cette terrible maladie. D'ailleurs on ne comprend toujours pas pourquoi certaines personnes en sont atteintes et pas d'autres, et pourquoi les ruminants et pas les animaux omnivores peuvent être infectés.

Quant à la canicule de 2003, alors que tous les experts, toutes les sociétés savantes, toutes les associations de malades venaient d'être consultés par la Direction générale de la santé, pas un n'a évoqué ce risque pourtant déjà répertorié à Chicago et à Rome. On savait que certaines personnes fragiles ne passaient pas l'hiver, mais on n'avait pas conscience que d'autres, tout aussi fragiles, pourraient ne pas passer l'été. En conséquence, ce ne peut être un savoir absent qui définit la nature de la précaution, ce sera donc l'opinion, car il faut agir à tout prix. On agit pour montrer à la population qu'on cherche à conjurer le sort. Au moins, en 1919, le président du Comité de santé de l'Etat du Minnesota chargé de lutter contre la gravissime épidémie de grippe espagnole avait-il pour lui la franchise. « Nous ne pensons pas que ces mesures contrôleront l'épidémie de grippe mais nous possédons des directives, et nous pouvons les faire appliquer [...]. Je pense que l'important dans le cas d'une épidémie est que nous puissions simplement répondre aux personnes qui viennent nous voir et nous demandent ce que nous avons fait[179]. »

179. « Minutes of the Minnesota State Board of Health, 1919 », Minnesota Department of Health, p. 195.

Il est logiquement impossible de prendre des précautions quand on ne sait pas, et, si l'on sait que l'on court un quelconque danger, si l'on peut en imaginer les causes, ce principe n'ajoute rien à la nécessaire prudence. On devine alors toute la prétention de la précaution, toute sa vanité. Le principe de précaution n'est qu'un péché d'orgueil. Toutefois, ce n'est pas un hasard s'il apparaît à cette époque de notre histoire. Les hommes sont perdus, ils constatent chaque jour que leurs dirigeants, même quand ils sont honnêtes et de bonne volonté, ne les protègent pas des catastrophes « naturelles » ou sociales. Ils observent cette permanente confusion entre pouvoir politique et toute-puissance. Même avec ses dents, le président Sarkozy ne trouve toujours pas la croissance économique qu'il cherchait. Aussi, avec Romain Laufer, nous pensons qu'un risque est majeur parce qu'il remet en cause le système de référence préalablement établi. La crise provient de la perte des repères traditionnels. Le principe de précaution a la prétention de laisser croire qu'il peut y faire face, d'où son existence, même si – principe de précaution inclus – on ne peut agir qu'en s'appuyant sur un système de référence existant. Affirmer que l'on puisse être capable de protéger une population d'un phénomène dont on ne connaît pas la nature est absurde, prétendre qu'on peut le faire est devenu une nécessité politique.

Le principe de précaution permet en revanche de rendre légitimes des comportements irrationnels comme de démonter les antennes relais des téléphones sans toucher aux émetteurs de télévision qui émettent plus d'énergie[180] mais auxquels personnes n'a songé à toucher depuis soixante ans. Ainsi, c'est la croyance et non la preuve qui enclenche l'action publique. On applique le principe pour

180. Que le lecteur se rassure, la dangerosité de l'une, comme de l'autre, n'a jamais été démontrée.

conjurer un sort, laissant croire à une omnipotence qui n'empêche cependant pas les fleuves de déborder, les maladies nouvelles de se propager, les tempêtes de détruire des villages entiers et certaines « précautions », comme l'interdiction du DDT, d'avoir des effets dramatiques chez les hommes infectés par la malaria dont la pauvreté n'enlève rien à leur humanité.

On invoque le principe de précaution parce que l'on a un but en tête. Ainsi, en mai 2003, John Graham, à l'époque conseiller de George Bush à la Maison Blanche, indique au *New York Times* que l'Administration Bush considère « le principe de précaution [comme] un concept mythique, une sorte de licorne ». J'en conviens, mais George Bush a envahi l'Irak au nom du principe de précaution : « Si nous attendons, disait-il, que la menace se matérialise complètement, nous aurons trop attendu. » La précaution des uns n'est pas la précaution des autres. Fallait-il dans cette affaire irakienne donner, comme la France, plus de poids aux conséquences de la guerre, ou rechercher, comme les Etats-Unis, la précaution dans la guerre ? Le principe n'est d'aucune aide pour répondre à cette interrogation et, à l'évidence, il n'est pas possible de prendre simultanément les deux « précautions ».

En l'absence de connaissance, l'interprétation par l'émotion prend le pas sur l'interprétation par la raison, et « l'information » structure la réalité de l'opinion. Ainsi, dans un tout autre domaine, Wylie Burke a analysé tous les articles de tous les magazines féminins nord-américains traitant du cancer du sein entre 1993 et 1997[181]. Si, en Amérique du Nord comme en France, les deux tiers des femmes atteintes d'un cancer ont plus de 60 ans, l'illustration iconographique qui accompagnait ces articles était faite à

181. Dan Gardner, « *Risk* » *: the science and politics of fear*, Virgin book, 2009, p. 187.

partir de photos de femmes dont seulement 2,3 % avaient plus de 60 ans et aucune plus de 70 ans. En revanche, la moitié de ces photos représentait des femmes de moins de 40 ans alors que, heureusement, elles ne représentent que 3,6 % des personnes atteintes. Faut-il alors s'étonner que ce cancer devienne une obsession chez les jeunes femmes ?

De même, à l'occasion d'un débat télévisé sur les farines animales durant l'été 2010, les images des reportages qui « illustrent » ce débat sont des images de veaux tenant à peine sur leurs pieds, car atteints par la maladie de la vache folle, puis de montagnes de vaches abattues et de carcasses qui brûlent faisant, ce n'est pas un hasard, un feu d'enfer. Peu importe que l'on évoque à cette émission de télévision l'usage de farines animales d'espèces qui, même en laboratoire, n'ont jamais pu être infectées par le prion (volailles, porcs ou poissons). Il ne peut donc pas y avoir de prion dans leurs farines, mais le message du journaliste, comme l'émotion du public, sont passés par l'image : celle du petit veau tremblant en train de mourir de la folie des hommes. Ainsi, les habitants du Burkina qui reçoivent les mêmes émissions que les Français ont les mêmes craintes, pourtant leur mode de vie est loin d'être proche du nôtre ! Objectif ?

L'émotion favorise les risques familiers, fussent-ils très sensiblement supérieurs. La crainte de prendre l'avion qui renaît au moment d'attentats ou d'accidents spectaculaires conduit alors beaucoup de voyageurs à faire de longs voyages en automobile. Or, on sait « objectivement » que c'est un moyen de transport beaucoup plus dangereux. L'émotion amplifie un risque, le déforme et conduit à en prendre d'autres.

Mais revenons à cette incapacité de prévoir en situation d'incertitude, et citons une fois encore le merveilleux mot de Jacques Prévert : « Ce qui tombe sous le sens rebondit ailleurs. » A la demande de la ministre de la Santé et des Sports, Mme Roselyne Bachelot, un match de football a été reporté à Marseille le dimanche 25 octobre 2009 parce que cinq joueurs étaient atteints de la grippe A. Mais, prévenus tardivement, les supporters ont réagi violemment, trois jeunes Marseillais ont été arrêtés et condamnés. Il y a au moins 1,5 million de dégâts en ville. Eussent-ils été différents si le match avait eu lieu ? Se protéger contre un risque conduit toujours à prendre d'autres risques, y compris quand on ne fait rien. Ainsi la lutte des écologistes de Louisiane pour protéger alligators et ratons laveurs a conduit à ce que l'on ne construise pas sur le Mississippi des barrages empêchant la remontée des eaux, et la vague du golfe du Mexique a remonté le fleuve sur 120 kilomètres et noyé La Nouvelle-Orléans. On attendait la grippe aviaire, elle a été porcine...

La gestion de la grippe A, en France, permet également de constater que le principe de précaution ne peut pas être universel. La gestion de cette épidémie a été en effet un étalage de la puissance financière des riches qui dégoulinent de moyens pour se prémunir d'un risque dont on a su assez vite qu'il était mineur, alors que les sommes engagées auraient suffi pour acheter des antiviraux à plus de 20 % des personnes atteintes du sida en Afrique.

Egoïste, obscène, cette précaution aura aussi été dangereuse, car elle a fait reculer en France la cause de la vaccination. François Ewald[182] montre d'ailleurs que cet exemple n'est que l'illustration spécifique d'un problème plus général. « Par un singulier renversement, le principe de précaution qui avait été institué pour donner à l'Etat, à

182. François Ewald, « Au risque d'innover », *Autrement*, novembre 2009, p. 41-42.

la puissance publique, la capacité de décider dans les domaines incertains de l'environnement et de la santé, se trouve détourné par l'individu dans sa dimension la plus subjective (angoisse, stress) et lui donne les moyens de s'opposer à l'Etat. »

Egoïste, obscène, dangereuse, elle est cependant avant tout orgueilleuse. L'Etat français a voulu créer *de novo* un système de vaccination et n'a réussi à vacciner qu'entre la moitié et les deux tiers de ce que font, sans tapage, les médecins généralistes au cours d'une campagne de vaccination d'une épidémie de grippe habituelle. Il n'est pas si facile que cela de créer un nouveau système de soins, même quand l'argent que l'on n'a pas n'est pas compté.

Pour ce qui est de « la mise en œuvre des procédures d'évaluation du risque » qu'implique le principe de précaution, on voit bien tout d'abord que ces procédures d'évaluation font vivre quelques laboratoires – notamment ceux autoproclamés « indépendants ». De surcroît, quels que soient les résultats rassurants de leurs évaluations, les adversaires des OGM, des nanotechnologies, des pesticides ou des cellules souches en demandent toujours d'autres, arguant, ce qui est exact, que les tests qui ont déjà été réalisés sont par essence limités et partiels. Mais où s'arrêter ? Est-ce bien cela qui est en jeu ? Il ne s'agit pas de savoir s'il y a un risque, voire de l'évaluer – les croyants ne seront jamais convaincus. Jamais un essai de plus, une autre étude ne satisferont, par exemple, les adversaires des OGM. Adversaires à différents titres – de la prétendue défense des terroirs et de la gastronomie, en passant par les anticapitalistes, les partisans de la décroissance, les défenseurs de l'écologie dite « profonde » –, ils sont dans un autre registre que celui de l'éventuelle controverse scientifique. C'est d'ailleurs la raison pour laquelle ils détruisent les expériences qui pourraient leur donner raison. S'il est possible de répondre à toute objection de bonne foi, y compris d'ailleurs pour découvrir que l'une ou plusieurs d'entre elles sont fondées, pour les adversaires beaucoup ne sera jamais assez. Il est logiquement impossible de démontrer une absence de risque, et comme par ailleurs toutes les activités humaines sont risquées, le danger du principe de précaution est réel, notamment en médecine.

Les médecins savent en effet qu'une thérapeutique efficace est par essence risquée. Pour s'en convaincre, il suffit de parcourir au hasard la notice de n'importe quel médicament. Pourtant, c'est bien une absence de risque que recommandent, au nom du principe de précaution, les auteurs du rapport public du Conseil d'Etat en 1998[183] : « Ce nouveau concept se définit par l'obligation pesant sur le décideur public ou privé de s'astreindre à une action ou de la refuser en fonction du risque possible. Dans ce sens, il ne lui suffit pas de conformer sa conduite à la prise en compte des risques connus. Il doit en outre apporter la preuve, compte tenu de l'état actuel de la science, de l'absence de risque. » On comprend la réaction de Georges David[184] : « En fait le médecin, à la lecture de cette définition dont il attendait une prise en compte de son domaine, ressent déception et inquiétude. Déception parce qu'il n'y trouve pas la notion essentielle d'obligation de soins qui constitue la raison de son intervention. Mais surtout inquiétude du fait de l'obligation de l'absence de risque. »

183. Conseil d'Etat, Rapport public 1998, *Réflexions sur le droit de la santé*, La Documentation française, Paris, 1998.

184. Georges David, « Médecine et précaution : pas si simple », *Médecine et Droit*, 2010, p. 12-16.

Ce n'est pas tout à fait un hasard que les partisans des médecines douces soient aussi partisans du principe de précaution, et notamment parmi eux les défenseurs de l'homéopathie, thérapeutique sans risque parce que sans contenu thérapeutique et donc sans effet, à part ceux de tout placebo. « Tristement, la recherche sur l'homéopathie a échoué en étant incapable de montrer un élément positif en sa faveur[185] ». A vrai dire d'ailleurs, il aurait fallu dire presque sans contenu car, toujours selon Singh et Ernst, l'objet le plus rentable du monde est un foie de poulet qui a été récolté quelque part en Bresse par les laboratoires Boiron et dilué des milliards de fois pour fabriquer une vingtaine de millions de médicaments homéopathiques. Comment peut-on d'ailleurs appliquer le principe de précaution et laisser en vente les médicaments homéopathiques qui, prescrits à des malades atteints d'asthme ou de malaria, les empêchent d'avoir recours à des médicaments efficaces ? Pourquoi les autres entreprises pharmaceutiques, à l'instar de celles qui fabriquent des médicaments homéopathiques, ne vendraient-elles pas, elles aussi, des boulettes de sucre avec des traces de… rien ? Quant à l'acupuncture, peut-être moins clairement inefficace, je ne puis résister de vous rapporter le mot de Bob Goddard, cité encore dans l'ouvrage de Singh et Ernst : « L'acupuncture doit apporter quelque chose : on n'a jamais vu un porc-épic malade. »

Le principe de précaution n'est donc qu'une conjuration orientée, partielle, de l'incertitude. Si les catastrophes ne sont pas nouvelles, ce qui l'est c'est notre prétention à vouloir à tout prix rechercher une responsabilité humaine

185. Simon Singh, Edzard Ernst, MD, *Trick or Treatment – The Undeniable Facts about Alternative Medecine*, W.W., Norton, London, 2008.

et de surcroît prétendre que l'on pourrait, ou, plus couramment, que l'on aurait pu, agir. Vivre en redoutant toutes les catastrophes imaginables est vivre dans un cauchemar.

Mais pourquoi ces croyances, pourquoi ce principe de précaution à cette époque de notre histoire ? Pour Romain Laufer[186], la crise actuelle correspond à la remise en cause de la légitimité classique, celle qui remonte à la Révolution française et remplaçait, à l'époque, le système de légitimité « traditionnel » hérité de l'Ancien Régime, par un système « légal-rationnel » au sens de Max Weber. Dans ce système existait une distinction claire entre d'une part la nature observable par la science et d'autre part la culture. Il distinguait en droit le secteur public du secteur privé. L'action de l'Etat devait être conforme à la loi des hommes et à celles de la nature. Si les accidents étaient tolérés, c'est parce que l'on considérait qu'ils étaient « naturels » et non pas le fruit de l'imprévoyance humaine, de son manichéisme. Aujourd'hui les frontières entre nature et culture se sont évanouies, la séparation entre science et technique s'est estompée, la distinction entre secteur public et privé devient de plus en plus floue. En revanche, ceux qui construisent l'opinion jouent un rôle dans le domaine de la science, définissant notamment dans le champ infini des risques potentiels ceux qu'il faut considérer. « La crise du système de légitimité correspond à la crise de la capacité de disposer d'un consensus stable sur la description [de la nature] fourni par la connaissance scientifique... l'opinion et la science ne peuvent plus être clairement séparées. La

186. Romain Laufer, « Crisis Management and Legitimacy – Facing symbolic disorders », in *International Handbook of Organizational Crisis Management*, Christophe Roux-Dufort *et al.* editors, Sage publications, June 2007.

rhétorique, la technique de la gestion de l'opinion, joue maintenant un rôle dans la production et la réception de la connaissance scientifique. » La certitude devient seulement une construction sociale. Par essence le principe de précaution donne la même légitimité à tous. Il place sur un plan l'Académie des sciences et l'association la plus obscure ou l'expert le plus farfelu. Il pose ainsi la question de l'expertise. La légitimité de chaque action doit être conduite au cas par cas. Les hommes pensent que parce qu'ils ont contribué à transformer le monde dans lequel ils vivent, ils seraient capables de le contrôler. Orgueil ! Donc, quand une catastrophe survient, les humains du XXIe siècle se sentent systématiquement coupables, même quand ils ne sont pas responsables.

Que faire ? Je ne pense pas qu'il y ait d'issue sans un retour à la séparation des ordres. Je ne suis pas un tenant du « rationalisme à la française », un technocrate qui imaginerait que les idées de la science doivent s'imposer aux politiques, mais je pense que si l'idéal de la République ne peut pas être fondé sur la seule raison, il doit y puiser. Si Bruno Latour[187] pense que « l'inexpiable haine que suscite le principe de précaution chez tous ceux qui rêvent de revenir à une République fondée en raison [provient du fait que] ce principe, en effet, brise le lien de nécessité entre connaissance indiscutable et action politique indiscutable. » Il y a rarement une seule action politique possible, certes, comme le dit encore Bruno Latour, l'action politique est « tâtonnante », mais dans des domaines où la connaissance scientifique intervient, doit-elle être systématiquement ignorée ? La bureaucratie doit-elle rejeter les résultats

187. Bruno Latour, « Quand le principe de précaution déstabilise le rationalisme à la française. La polémique climatique soulève une question politique centrale », *Le Monde*, 22 mai 2010.

de toute recherche pour démontrer la primauté du politique et la valeur de thèses infondées ? L'arbitraire n'est pas du côté des scientifiques, mais des politiques. Entendre une ancienne secrétaire d'Etat à l'écologie placer les Académies des sciences, de médecine et d'agriculture au rang de « lobby », au même titre que les industriels, n'est-ce pas entendre la manifestation d'une profonde régression politique ? N'est-ce pas justement confondre la recherche – toujours inaboutie – d'une forme de vérité et le monde des valeurs ? Je ne pense donc pas comme Bruno Latour que « science et politique sont coextensives, [que] les séparer de nouveau n'a pas plus de sens que de diviser la mer avec une épée », même si avec lui je plaiderai pour l'expérimentation de l'action politique surtout dans ces domaines où sciences sociales et sciences de la nature se rejoignent. Rien n'est indiscutable dans les systèmes complexes, mais – et cela est déjà quelque chose – certaines connaissances scientifiques permettent de dire qu'il y a des voies sans issue et des précautions inutiles, et je n'irai donc pas dans le sens de Bruno Latour, éloquent défenseur du relativisme scientifique dont on peut voir où il conduit.

Ainsi, nous l'avons vu, le 19 mai 2010, plusieurs rédacteurs des rapports de l'Agence française de sécurité sanitaire de l'environnement et du travail (Afsset), portant sur les radiofréquences et les champs magnétiques à extrêmement basses fréquences (et notamment ceux produits par les lignes à haute tension), ont écrit au ministre de la Santé et à celui de l'Ecologie pour s'étonner du fait que l'on faisait aussi peu de cas de leur avis. « Nous, scientifiques, dénonçons solennellement ce déni de la science qui aboutit à une interprétation irrationnelle du principe de précaution[188]. Préconiser abusivement de telles mesures, c'est

188. Ils y croient encore.

contribuer à inquiéter inutilement les 300 000 riverains des lignes de transport de l'électricité. C'est dangereux à terme, si l'on prend subrepticement l'habitude de déformer, de contredire, d'asservir la science et de déjuger impunément les scientifiques[189]. » Le directeur général de l'Afsset, Martin Guespereau, a réagi en rappelant que le rôle de son agence est de faire le lien entre évaluation du risque et décideurs, et donc de « faire des recommandations de gestion du risque ». Peut-être, mais de quel risque ? Un risque politique ou un risque sanitaire non avéré ? Et, d'ailleurs, que veut dire « gestion » ? Comment a-t-il pu établir un avantage à la non-exposition à un risque que l'on ne peut pas tracer ?

Il ne m'eût pas choqué, au titre de la séparation des ordres, que les politiques prennent une telle décision, et si je ne l'avais trouvée inutilement coûteuse, compte tenu de l'absence de détection d'une éventuelle gravité, elle eût été néanmoins légitime. La responsabilité du politique est d'une autre nature que celle des experts, elle l'encadre et la dépasse, et il doit tenir compte de l'opinion publique, fût-elle peu fondée. Mais est-ce le cas d'un bureaucrate, fût-il directeur général d'agence ?

Je reprendrai à mon compte les phrases d'Alain-Gérard Slama[190] qui, traitant de la notion contemporaine d'identité, rappelle que « notre modernité n'a rien à gagner à rompre avec la révolution humaniste qui, venue de la Renaissance et conceptualisée par les Lumières, a imprégné la pensée républicaine jusqu'à nos jours. Cette révolution a émancipé l'individu... a donné des outils [qui]

---

189. Lettre citée de Henri Brugère, Jean-Claude Debouzy, François Gaudaire, Isabelle Lacroye, Anne Perrin, Marc Poumadère, Paolo Vecchia, Catherine Yardin, du 19 mai 2010 à Roselyne Bachelot et Jean-Louis Borloo, ministres.

190. Alain-Gérard Slama, *La Société d'indifférence*, Plon, Paris, 2009.

répondent plus que jamais aux attentes et besoins de notre modernité. Ces outils consistent dans les principes, aussi importants l'un que l'autre, de la séparation des ordres et de la séparation des pouvoirs ».

Une précaution à tout prix ?

Enfin, et c'est le titre de cet ouvrage, tout cela a un coût. Nous ne parlons pas de prévention efficace, mais du coût de règles inutiles, de procédures inadaptées, de « précautions » qui ne touchent qu'à des risques hypothétiques, et des très lourdes conséquences, y compris sanitaires et écologiques. Par exemple, quand on diminue la puissance des antennes relais, il faut, pour conserver le même niveau de réception du signal, accroître la puissance du portable dont chacun conviendra qu'il est plus proche de l'oreille que l'antenne relais. Au nom de ce principe, on peut aussi, comme l'Allemagne, décider un temps de bannir tout recours à l'énergie électrique nucléaire en 2020, suspendre pendant une longue période tout investissement en la matière et produire de la sorte deux fois plus de gaz à effet de serre que la France. Ainsi, prendre des précautions pour satisfaire tel ou tel groupe de pression justifie l'existence même de ces peurs injustifiées. En effet, dans l'esprit du public, si l'on prend des précautions c'est qu'il y a danger, ce qui donne une légitimité à des craintes infondées.

Comme la peur, le principe de précaution est tout, sauf un bon conseiller. Le mépris pour les faits, les chiffres et les ordres de grandeur, accompagné d'une passion pour les discussions de principe, sont aussi enfantins que coûteux. Si la pensée magique répond aux âmes angoissées, la réalité distordue par les bons sentiments et la nostalgie d'un passé imaginaire conduisent à une société caractérisée par la dureté des relations sociales et la brutalité des relations humaines. Le principe de précaution serait interdit si on l'appliquait à lui-même, tant il est dangereux. Il faut arrêter de gérer des risques subjectifs et faire éclater cette bulle protectrice. Le principe de précaution n'est qu'une conjuration de l'incertitude et un outil aux mains de quelques groupes conservateurs qui paralysent la nécessaire analyse des risques.

Jusqu'à quand serons-nous suffisamment riches pour nous payer, au sens propre du terme, nos illusions ? Pour ne parler que de celui-ci, le déficit de la Sécurité sociale dépassera, même si la croissance revient, 40 milliards d'euros en 2013. Soulignons que notre système de santé est, après les Etats-Unis, le système le plus cher du monde. Nous avons en effet dépassé les Allemands et les Suisses qui, eux, n'ont pas de dette de leurs régimes sociaux.

Pour l'instant, nous vivons dans l'illusion que nous ne payerons jamais ces dettes, illusion d'autant plus curieuse qu'en ce moment le monde entier paye la dette des ménages américains que l'on estimait être « raisonnable ». Jusqu'à la crise grecque, nous pensions que les Etats européens ne pouvaient pas faire faillite. Une banqueroute française avant 2020 devient une éventualité qui n'est plus seulement plausible mais probable, et nous rêvons de chimères et pensons pouvoir nous prémunir de tous les risques à n'importe quel coût.

La valeur de la vie humaine[191], autrement dit combien d'argent il faut investir pour gagner une année de vie, fait

191. Elle consiste, dans le domaine de la santé, à calculer notamment l'argent qu'il faut investir pour gagner une année de vie.

en France objet de publications[192], elle fut un temps utilisée dans les travaux du Commissariat au Plan et dans les choix autoroutiers. Elle a pour but, non pas de donner un prix à la vie – ce serait aussi scandaleux que ridicule –, mais de rechercher la meilleure manière d'utiliser l'argent public, de sauver donc le maximum de vie pour une somme donnée d'argent. Ignorer ces calculs consiste implicitement à accepter des années de vie perdues et des morts supplémentaires.

Prenons un exemple. Dans tout don de sang on recherche, c'est amplement justifié, l'éventuelle présence du virus de l'hépatite C. Ce dépistage systématique était jusqu'au début des années 2000 réalisé par la seule recherche d'anticorps (Méthode ELISA). Toutefois, les anticorps n'apparaissent pas immédiatement après l'infection ; il demeure en effet une courte période durant laquelle le virus est présent, mais l'organisme n'a pas pu encore sécréter d'anticorps. La réponse du test avec la méthode ELISA est donc négative, d'où l'idée de substituer ou d'ajouter au test enzymatique ELISA le test de la « *polymerase chain reaction* » (PCR) pour rechercher des traces de l'ARN du virus avant que son hôte ait pu réagir à sa présence. Mais cela un coût très, très élevé : utiliser ce test en parallèle avec ELISA en groupant les dons coûte en effet 84,6 millions d'euros pour améliorer la durée de vie d'une personne pendant une seule année. Si les tests sont réalisés successivement pour chaque don, cette même année de vie supplémentaire revient à 891,1 millions d'euros[193]. C'est ce que nous faisons. Ne vaudrait-il pas mieux, avec cet argent, améliorer, par exemple, la prise en

192. Luc Baumstark, Marie-Odile Carrère, Lise Rochaix, « Mesure de la valeur de la vie humaine », *Les Tribunes de la santé*, n° 21, hiver 2008.

193. S. Loubière *et al.*, « Including polymerase chain reaction in screening for hepatitis C virus RNA in blood donations is not cost-effective », *Vox Sanguinis* (2001), 80, 199-2004.

charge des personnes dépendantes, car cela aurait un effet bénéfique sur un beaucoup plus grand nombre de Français ? Quant à imaginer que l'on puisse faire les deux consiste à ignorer qu'une telle somme représente 2 % de l'impôt sur le revenu ou, pour le dire autrement, avec un tel coût de l'année de vie sauvée notre système de santé, qui gagne chaque année de l'ordre de 16 millions d'années-vie[194], n'en gagnerait que 300 ! Un tel raisonnement peut choquer, mais comment alors utiliser au mieux l'argent durement gagné de tous ceux qui cotisent à l'assurance maladie ? Rappelons en effet que nous travaillons déjà tout le mois de janvier de toute notre vie professionnelle pour payer cette cotisation ! La santé semble ne pas avoir de prix et, en première analyse, il semblerait que l'on doive s'en féliciter. Mais ce n'est qu'une apparence, en réalité il en est tout autrement, simplement parce que l'argent dépensé ici n'est pas dépensé ailleurs. En France, le rationnement faute d'être explicite est donc passif et, pour citer un autre exemple, notre pays se place au vingt-deuxième rang des pays de l'OCDE pour son nombre de scanners et d'IRM par habitant, après la Turquie. Combien de vies perdues en France pour un diagnostic inapproprié ou retardé ?

Les Français ne veulent pas se dire que leur argent est limité. C'est pourtant bien du leur qu'il s'agit et non pas de celui d'une entité abstraite. L'Etat ou la Sécurité sociale ne sont que des dépositaires provisoires, et c'est bien dans la poche des Français qu'ils viennent prendre impôts et cotisations sociales. Dans d'autres pays, les études « coûts-bénéfices » sont une obligation. Au Royaume-Uni, la diffusion de toute innovation médicale (médicament, intervention chirurgicale, greffe...), si elle revient à plus de 45 000 euros par année de vie, est interdite à l'intérieur du *National*

194. L'espérance de vie augmente de trois mois et nous sommes proches de 64 millions.

Health Service (NHS). Ce concept apparemment ésotérique est simple : on regarde d'un côté le coût annuel de l'innovation que l'on divise par l'amélioration de la durée de vie qui lui est due, cela donne le coût de l'année de vie. Je ne cite pas ce pays en exemple, pas plus que je recommande en France un tel chiffre, je n'en ai aucune légitimité. Je veux simplement faire comprendre que les Français ne voulant pas regarder se comportent comme des autruches. Par nécessité, les choix se font implicitement le plus souvent, et toujours silencieusement. Pourquoi sommes-nous collectivement incapables de telles réflexions ? Je n'ai jamais trouvé de réponse satisfaisante à cette question, mais ai observé que les seules exceptions en Europe, ceux où un tel débat était possible, étaient les pays protestants.

Les erreurs des experts, trop souvent accompagnées de leur suffisance, ont conduit aux drames de la santé publique. Le statut des scientifiques a été remis en cause. Toutefois, cette remise en cause n'a pas conduit, loin s'en faut, à leur disparition. Ils sont aujourd'hui plus nombreux, ils disposent de plus de moyens, ils sont aussi plus indépendants. S'ils tirent leur légitimité première de leur savoir, leur pouvoir au sein des agences leur est accordé par l'Etat. Certains disposent même, nous l'avons vu, de pouvoirs de police qui, jusqu'à il y a peu, étaient réservés aux ministres seuls. Mais cette indépendance de l'expertise, sous contrôle de l'opinion publique, n'a pas suffi. Nos sociétés inquiètes considèrent les bienfaits du progrès comme un dû et n'en supportent plus les imperfections. Si certains effets indirects de l'activité humaine ont mis du temps à se faire sentir, ils sont aujourd'hui évidents. Certes, depuis les premiers éleveurs, et surtout les premiers agriculteurs, l'homme a transformé la nature. Beaucoup des paysages que nous chérissons, à commencer par les futaies de hêtres ou de chênes, sont artificiels au sens où ils n'existeraient pas sans l'homme, mais le sentiment nouveau est celui, non pas de la transformation de la nature, mais celui de son déséquilibre. L'homme apprenti sorcier ne sait pas toujours ce qu'il fait, et le « progrès » ici produit parfois des catastrophes là. Il faut donc agir, même en cas d'incertitude.

Né des questions d'environnement, le principe de précaution est entré dans le domaine de la santé publique, puis dans celui de la médecine. Si ces préoccupations nouvelles ont eu, ont et auront une incontestable légitimité, nous avons vu qu'il était possible d'aller trop loin : trop de sécurité mal placée peut inutilement inquiéter et conduire à un mauvais usage de l'argent public, fruit du labeur des Français, argent durement gagné au prix parfois de la santé des contribuables, ne l'oublions pas. A ce stade de l'évolution de notre législation, le principe de précaution conduit parfois à une insécurité juridique des industriels et des professionnels de santé, mais dissuadés d'innover, les patients sont ceux qui en payeront le prix. Le législateur ne semble pas encore disposé à encadrer ce principe, même si on évoque la nécessité de le rendre « raisonnable ». On distingue toutefois dans la presse un début de réaction de l'opinion. Il y aura, un jour, avec la crise annoncée, un rééquilibrage. Mais, d'ici là, combien de drames, combien de pertes d'emploi, combien d'argent jeté par la fenêtre pour prétendre à notre orgueilleuse toute-puissance ?

Remerciements

Je tiens ici à remercier pour leurs contributions : Etienne Caniard, Catherine Césarsky, Louis Dubertret, Jacques Foos, Didier Jayle, Romain Laufer, Rémi Pellet, Henri Voron, ainsi que le laboratoire LFB. Muriel Beyer, Françoise Lucas-Fontaine, Dominique Moïsi, Etienne Pflimlin, Agnès Schweitzer et Alain Sommer furent des lecteurs aussi critiques qu'attentifs des épreuves de cet ouvrage qui, cela va sans dire, n'engage que moi.

Table

Cet ouvrage a été imprimé par
CPI Firmin Didot à Mesnil-sur-l'Estrée
pour le compte des Éditions Plon
76, rue Bonaparte
*Paris 6e*
en décembre 2010

Composition et mise en page

NORD COMPO
multimédia

Dépôt légal : janvier 2011
N° d'édition : 14657 – N° d'impression : 103043
Imprimé en France